Treinamento de Força para Esportes de Combate

Dados Internacionais de Catalogação na Publicação (CIP)
(Câmara Brasileira do Livro, SP, Brasil)

Magalhães, Franklin
 Treinamento de força para esportes de combate / Franklin Maga-
lhães; coordenação editorial: Alexandre F. Machado. – 2ª ed. – São
Paulo: Ícone, 2015.

 Bibliografia.
 ISBN 978-85-274-1182-0

 1. Educação física 2. Esportes de combate 3. Exercícios físicos
4. Força muscular 5. Músculos: Aspectos fisiológicos 6. Nutrição
7. Musculação I. Machado, Alexandre F. II. Título.

11-06772   CDD-613.71

Índices para catálogo sistemático:

1. Treinamento de força para esportes de combate:
   Educação física   613.71

FRANKLIN MAGALHÃES

Treinamento de Força para Esportes de Combate

Coordenação editorial
Alexandre F. Machado

2ª edição
Brasil – 2015

Ícone editora

© Copyright 2015
Ícone Editora Ltda.

Capa e Diagramação
Richard Veiga

Revisão
Juliana Biggi
Saulo C. Rêgo Barros

Proibida a reprodução total ou parcial desta obra, de qualquer
forma ou meio eletrônico, mecânico, inclusive por meio de processos
xerográficos, sem permissão expressa do editor (Lei nº 9.610/98).

Todos os direitos reservados à:
ÍCONE EDITORA LTDA.
Rua Javaés, 589 – Bom Retiro
CEP: 01130-010 – São Paulo/SP
Fone/Fax.: (11) 3392-7771
www.iconeeditora.com.br
iconevendas@iconeeditora.com.br

FOLHA DE APROVAÇÃO

A presente obra foi aprovada e recomendada pelo conselho editorial a sua publicação na forma atual.

CONSELHO EDITORIAL

Prof. Dr. Antônio Carlos Mansoldo (USP – SP)

Prof. Dr. Jefferson da Silva Novaes (UFRJ – RJ)

Prof. Dr. José Fernandes Filho (UFRJ – RJ)

Prof. Dr. Rodolfo Alkmim M. Nunes (UCB – RJ)

Profa. Dra. Luana Ruff do Vale (UFRJ – RJ)

Prof. Dr. Miguel Arruda (UNICAMP – SP)

Prof. Dr. Daniel Alfonso Botero Rosas (PUC – Colômbia)

Prof. Dr. Vitor Machado Reis (UTAD – Portugal)

Prof. Dr. Antônio José Rocha Martins da Silva (UTAD – Portugal)

Prof. Dr. Paulo Moreira da Silva Dantas (UFRN – RN)

Prof. Dr. Fernando Roberto de Oliveira (UFL – MG)

Profa. Dra. Cynthia Tibeau (UNIBAN – SP)

PRESIDENTE DO CONSELHO

Prof. M. Sc. Alexandre F. Machado (UNIBAN – SP)

APRESENTAÇÃO

Falar de Franklin Magalhães é muito fácil, principalmente como pessoa voltada para o desenvolvimento esportivo. Desde cedo iniciou-se nas artes marciais, onde é faixa preta de Jiu-Jítsu, dando seguimento à sua carreira esportiva ingressou na faculdade de educação física, tornando-se um dos profissionais *top* de linha no Brasil.

Franklin Magalhães especializou-se na parte de força e explosão para atletas de alto rendimento e, atualmente, roda o Brasil dando palestras, seminários, treinando atletas e professores de educação física, com o objetivo de transmitir todo o seu conhecimento prático para os novos professores de preparação física, ramo que cresceu muito no Brasil e que se encontra, hoje, cada vez mais valorizado em todas as modalidades esportivas.

Uma das qualidades de Franklin consiste na sua constante reciclagem através de estudos, intercâmbios e troca de informações com profissionais de alto nível nessa área, fazendo com que sempre esteja atualizado e qualificado como um profissional de referência no segmento de preparação física.

Aproveitem esta obra, feita ao longo dos anos e fundamentada em resultados práticos que são realmente mais confiáveis.

Artur Mariano

Mestre de Muay Thai pela CBMT e WMF.
Fundador da academia Champions Factory. Comentarista do canal Combate.
Presidente da Confederação Brasileira de Muay Thai. Treinador da seleção Brasileira de Muay Thai

PREFÁCIO

Foi com muita empolgação que recebi o desafio, feito por amigos e alunos, de escrever, ou melhor, transcrever nessas linhas uma vida inteira voltada ao treinamento de força.

O ano era 1985, eu completaria nesse ano 13 anos, foi quando entrei pela primeira vez em uma academia de musculação, o jiu-jítsu já fazia parte da minha vida. Todo o treinamento aprendido pelo meu pai na juventude era passado a mim e ao meu irmão por aulas pouco didáticas e muito mais voltadas ao vale-tudo e à defesa pessoal.

Aos 20 anos conheci o homem, o mestre de jiu-jítsu que mudou minha vida, Orlando Santiago Barradas. Foi ele quem me ensinou a ver a preparação física de lutadores como profissão. Com o passar dos anos e sempre buscando soluções para problemas encontrados por amigos e depois por alunos é que me foquei no trabalho de força contra a resistência. A ideia principal do livro é organizar os métodos de treinamento voltados ao ganho de força para treinadores e praticantes de esporte de combate.

Espero que os interessados encontrem neste livro algumas respostas para suas dificuldades e possam trilhar de forma menos evasiva suas carreiras dentro ou fora de um ringue. Contudo, se o leitor acha que irá encontrar neste livro uma receita pronta de como deve ser o treinamento voltado para força, recomendo doá-lo a um amigo ou a uma biblioteca.

AGRADECIMENTOS

Como o objetivo deste livro é apresentar informações atualizadas e úteis para o desenvolvimento de treinamento de força para esportes de combate, procurei e recebi de forma excepcional ajuda de todos os meus alunos, que serviram muitas vezes de cobaias aos meus treinamentos. Agradeço também aos meus grandes amigos:

Artur Mariano – Mestre em Muay Thai

Paulo Filho – lutador profissional de MMA

Profa. Tatiana Ueda

Prof. Abdallah Achour

Prof. Alexandre Machado

pelo incentivo e apoio em todos os momentos da pesquisa. Agradeço a minha família, em especial minha esposa e filha, Bianca e Isabelle, por entenderem minha ausência para estudar e viajar em busca de informações para terminar a obra. Aos meus pais: minha mãe por ter apostado em mim, meu pai por ter me iniciado no único esporte que jamais abandonei, apesar das lesões e até mesmo internações cirúrgicas, e ao meu querido irmão e sua linda família, por estar sempre por perto me dando força para continuar minha trajetória.

O AUTOR

FRANKLIN MAGALHÃES

CREF 5055-G/RJ

Formado em Educação Física pela UCB-DF

Pós-graduado em Musculação e Treinamento de Força pela UFR-RJ

Preparador Físico de atletas de MMA

COLABORADOR

CLAUDIO CHINÁGLIA

Nutricionista – CRN 13878

Formado em Nutrição pela UNIMEP-SP

Pós-graduado em Nutrição Esportiva pela UNIFMU-SP

Professor convidado dos cursos de pós-graduação de nutrição clínica e esportiva da Universidade Gama Filho (UGF) desde 2005

SUMÁRIO

⟿ **INTRODUÇÃO,** 19

Capítulo 1. **FORÇA E SEUS ELEMENTOS,** 21

Conceituação de força, 21

Músculos esqueléticos, 23

Função dos músculos, 24

Composição química dos músculos, 25

Fibra muscular estriada e seus elementos, 26

Hipertrofia, 28

Hiperplasia, 28

Capítulo 2. **PRINCIPAIS PROPRIEDADES FISIOLÓGICAS DOS MÚSCULOS,** 31

Componentes anatômicos de um músculo estriado esquelético, 33

Fáscia muscular, 33

Origem e inserção, 33

Capítulo 3. **CLASSIFICAÇÃO DOS MÚSCULOS**, 35
    Quanto à forma do músculo e ao arranjo de suas fibras, 36
    Quanto à origem, 36
    Quanto à inserção, 36
    Quanto à ação, 36
    Mecânica muscular, 37
    Mecanismo de contração, 37
    Ação muscular, 38

Capítulo 4. **MOVIMENTOS MUSCULARES**, 39

Capítulo 5. **TREINAMENTO DE FORÇA CONTRARRESISTIDO**, 41
    Fatores neurais, 43
    Fatores musculares, 43

Capítulo 6. **PRINCÍPIOS DO TREINAMENTO DE FORÇA**, 45
    Princípio da sobrecarga, 46
    Princípio da especificidade, 48
    Princípio da individualidade biológica, 49
    Princípio da adaptação, 50
    Princípio da continuidade, 51
    Princípio da interdependência volume *versus* intensidade, 51

Capítulo 7. **POTENCIAL DE FORÇA**, 53

Capítulo 8. **TIPOLOGIA DE FORÇA**, 57

Capítulo 9. **TREINANDO PARA A LUTA**, 61
    Treinamento de exaustão, 61
    Treinamento isométrico, 70
    Treinamento cinético, 71

Capítulo 10. **FAZENDO USO DA PESQUISA,** 73

Teste, 74

Desenvolvimento da resistência muscular localizada, 76

Capítulo 11. **TREINAMENTO FUNCIONAL,** 79

Aquecimento funcional, 82

Descanso funcional, 84

Propriocepção × funcionalidade, 84

Capítulo 12. **SER FORTE OU SER MUSCULOSO, EIS A QUESTÃO,** 87

Capítulo 13. **MÚSCULOS QUE QUANDO TREINADOS MELHORAM O DESEMPENHO DO MOVIMENTO,** 97

O quadril, 98

O joelho, 103

O ombro, 113

O cotovelo, 118

Capítulo 14. **NUTRIÇÃO E SUPLEMENTAÇÃO APLICADAS AO EXERCÍCIO FÍSICO,** 123

Carboidratos, 124

Lipídeos, 129

Proteínas, 130

Vitaminas, 134

Minerais, 136

Creatina, 136

Betaalanina: carnosina como redutor de fadiga muscular?, 138

HMB, 140

➥ **ANEXOS,** 141

Fortalecendo a região abdominal e o tronco – movimento na roda de exercícios, 142

Fortalecendo a cintura escapular – sequência de movimentos sobre a bola suíça, 143

Fortalecendo a cintura pélvica – movimentos com tensão elástica, 144

Fortalecendo o joelho e o quadril, 146

Fortalecendo o quadril, 148

Fortalecendo os extensores do cotovelo, 151

Fortalecendo os flexores do cotovelo, 154

Fortalecendo os flexores e rotadores do pescoço, 155

Sequência de exercícios que podem ser estáticos ou dinâmicos em um treinamento de força, 157

Desenvolvimento – cintura escapular, 165

Supino vertical – cintura escapular, 166

Propriocepção da cintura escapular, 167

Fortalecendo os posteriores do corpo, 170

Tabela Internacional de Índice Glicêmico (IG) e Carga Glicêmica (CG) – revisada – 2002, 172

⇨ REFERÊNCIAS BIBLIOGRÁFICAS, 243

Referências bibliográficas da parte nutricional, 246

INTRODUÇÃO

Há mais ou menos 558 anos a.C. nascia, segundo os gregos, o primeiro lutador preocupado com a força e a *performance* durante uma luta. Milo nasceu em Creta e reza a lenda que ele carregava sobre seus ombros um pequeno bezerro, com o passar do tempo o animal crescia, ganhava peso e Milo sofria as ações da força peso e se adaptava, tornando-se mais forte. Com isso, obtinha melhor rendimento que seus adversários.

O pupilo de Pitágoras não ficou conhecido pelo teorema de seu professor e sim por ser o primeiro lutador no mundo a se preocupar com sua força para lutar. A história conta que mesmo sem saber que estava se hipertrofiando, Milo sabia que de alguma forma estava cada vez mais forte.

Os métodos de treinamento voltados para o ganho de força e suas variações ganharam apoio da ciência, da pesquisa de campo e em laboratório. Pretendo mostrar neste livro que, apesar dos mais de 2.000 anos de evolução entre o que foi e o que é atualmente o treinamento de força, temos o mesmo objetivo de Milo, nos tornar mais fortes e com melhor rendimento que nossos adversários.

O que não pode ser contestado é que não há dúvida sobre a melhora da força quando ela é treinada adequadamente para determinado desporto. Mas, como cada esporte tem suas próprias exigências quanto à quantidade e ao tipo de treinamento necessário ao desenvolvimento da força, o mais indicado é se estudar sua aplicação de forma ímpar e tentar criar um mecanismo para cada tipo de luta.

Milo de Creta.

FORÇA E SEUS ELEMENTOS

CONCEITUAÇÃO DE FORÇA

Neste capítulo, tentarei explicar o que é a força, os mecanismos responsáveis por ela e como ocorre.

Quando se pensa em biomecânica, o conceito de força no mundo desportivo deve ser entendido como a capacidade de um músculo em produzir tensão. A contração muscular que pode ser capaz de produzir movimento cinético ou estático. Do ponto de vista da Física a força muscular nada mais é do que a capacidade de um músculo em produzir aceleração, deformar, frear ou manter imóvel um corpo.

O que nos interessa neste livro é a força utilizada no gestual mecânico durante um esporte de combate e essa força é proveniente do número de pontes cruzadas de miosina que interagem com os filamentos de actina. Dentro do músculo.

Figura 1: Sistema muscular humano – Musculatura posterior superficial

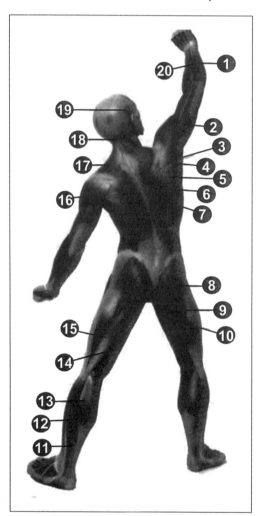

1. Flexor Longo dos Dedos
2. Tríceps Braquial
3. Redondo Menor
4. Redondo Maior
5. Infraespinhal
6. Romboide Maior (sob o Trapézio Inferior)
7. Grande Dorsal
8. Glúteo Máximo
9. Adutor Magno
10. Grácil
11. Fibular Curto dos Dedos
12. Sóleo
13. Gastrocnêmio
14. Semitendinoso e Semimembranoso
15. Cabeça Longa do Bíceps Femoral
16. Deltoide
17. Trapézio Superior
18. Esplênio da Cabeça
19. Temporal
20. Extensor Ulnar do Carpo

Figura 2: Sistema muscular humano – Musculatura anterior superficial

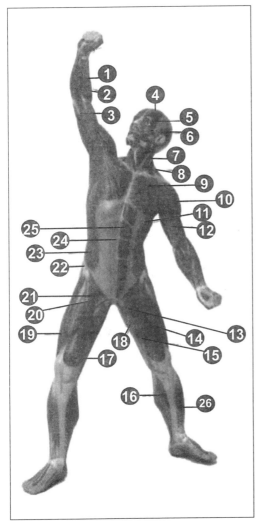

1. Braquiorradial
2. Palmar Longo
3. Braquial
4. Occipitofrontal
5. Orbicular do Olho
6. Temporal
7. Esternocleidomastoideo
8. Trapézio
9. Peitoral Maior
10. Deltoide
11. Serrátil Anterior
12. Bíceps Braquial
13. Adutor Longo
14. Reto Femoral
15. Sartório
16. Gastrocnêmio
17. Vasto Medial
18. Grácil
19. Vasto Lateral
20. Pectíneo
21. Iliopsoas
22. Tensor da Fáscia Lata
23. Oblíquo Externo
24. Linha Alba
25. Reto do Abdome
26. Tibial Anterior

MÚSCULOS ESQUELÉTICOS

São órgãos que têm a propriedade de se contraírem. Dentro do aparelho locomotor, constituído pelos ossos, junturas e músculos, sendo esses últimos elementos ativos do movimento; os ossos são elementos passivos do movimento. Isso quer dizer que, sem uma ação muscular, eles não se moveriam.

A musculatura assegura a dinâmica, a estática do corpo humano, possibilita o movimento e mantém as peças ósseas unidas determinando a posição e postura do esqueleto.

FUNÇÃO DOS MÚSCULOS

Como poderemos pensar em força e seu papel no desempenho humano sem saber precisamente qual a função destes órgãos? Os músculos atuam no equilíbrio da temperatura corporal e asseguram a dinâmica ou estática do corpo humano, isto é, os músculos locomotores movimentam os ossos em suas articulações, enquanto os músculos de sustentação mantêm os ossos em determinada posição.

Outro papel fundamental dos músculos é impulsionar o sangue, auxiliando a circulação por todo o organismo. Uma vez, um senhor que estava visitando uma academia que eu coordenava perguntou-me:

Cliente: Professor, estou procurando uma academia para treinar os músculos, só que antes eu gostaria de saber quantos corações, nós humanos, possuímos?

Estagiário: Antes que eu respondesse, um estagiário gritou! Ora, que bobagem, só um único coração.

Cliente: Lembre-se que o coração é apenas uma bomba.

Eu: Pensei e respondi, temos 5 corações.

Cliente: Vou me matricular imediatamente, sou cirurgião vascular e essa foi a primeira de 5 academias que visitei está semana que fiquei satisfeito com a resposta.

Estagiário: Que p. é essa?

Eu: Temos 5 corações, pois nossas pernas e braços executam uma função muitas vezes desprezada, mas de vital importância. GARANTEM O RETORNO VENOSO ou, como deve ser entendido, bombeiam sangue tanto quanto o coração.

O sangue é bombeado pelo coração e ajudado a circular pela ação gravitacional. Os braços e pernas ao se movimentarem por ação muscular fazem o trabalho igual ao do coração, só que no sentido contrário.

Ao se contraírem, os músculos comprimem as veias, conhecido como retorno venoso, as veias por sua vez possuem estruturas internas, as valvas, que facilitam a passagem do sangue no sentido do retorno e se fecham impedindo a volta do sangue.

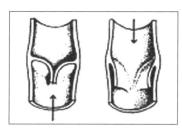

Valvas ou válvulas.

Os músculos ainda propulsionam os movimentos do esôfago, estômago e intestino, fazendo os alimentos ingeridos caminharem para serem digeridos (movimentos peristálticos).

COMPOSIÇÃO QUÍMICA DOS MÚSCULOS

- **Água:** Abrange 75% a 85% da musculatura.
- **Proteína:** A actina e a miosina são os compostos proteicos principais das fibrilas (fibras muito finas) que respondem pela capacidade de contração dos músculos.
- **Lipídios:** Armazenados no músculo como elemento de reserva e utilizados nas reações energéticas.
- **Sais de Fósforo Nitrogenado:** Importante fonte de energia.
- **Substâncias Minerais** (sódio, potássio, cloro, magnésio, cálcio): Influenciam nas transformações químicas musculares e na sua contração.
- **Glicogênio:** Polímero de glicose armazenado em grande quantidade nas células musculares e do fígado, transformando-se em glicose quando houver necessidade para as células.

FIBRA MUSCULAR ESTRIADA E SEUS ELEMENTOS

Na maioria dos mamíferos, as fibras musculares podem atingir até vários centímetros de comprimento, mas de modo geral não alcançam o comprimento total do músculo. Uma fibra muscular estriada típica mede entre 1 e 40mm de comprimento e tem de 10 a 100μm (micrômetro) de diâmetro, dependendo da espécie e do músculo examinado.

As fibras musculares são compostas principalmente por miofibrilas que, por sua vez, são circundadas por um retículo endoplasmático especializado chamado retículo sarcoplasmático, que está disposto paralelamente em relação às miofibrilas.

MIOFIBRILAS

Estruturas cilíndricas, compridas e delgadas, com diâmetro de 1 a 2μm, orientadas no sentido longitudinal da fibra muscular e que preenchem completamente seu interior. As miofibrilas são formadas por um agrupamento ordenado de filamentos grossos e finos paralelos entre si, cuja distribuição ao longo da miofibrila é responsável pela formação de bandas que, por sua vez, também se agrupam de modo que as bandas ou estrias ficam em sincronia, formando faixas claras e escuras que caracterizam o músculo estriado esquelético. Uma fibra muscular de diâmetro de 50μm pode ter de 1.000 até 2.000 miofibrilas

Quando observadas ao microscópio, as bandas escuras são anisotrópicas (característica que uma substância possui em que certa propriedade física varia com a direção – *Dicionário Aurélio*), e por esta razão receberam o nome de bandas **A**, e as faixas claras, por serem menos anisotrópicas, receberam o nome de bandas **I** (elas não são 100% isotrópicas como sugere a letra **I**).

A banda **I** é separada ao meio por uma linha transversal escura chamada linha **Z**. A unidade estrutural repetitiva da miofibrila onde os eventos morfológicos do ciclo de contração e relaxamento do músculo ocorrem é o sarcômero.

SARCOLEMA

É uma membrana especializada, lipoproteica, que recobre cada fibra muscular e não difere essencialmente das membranas plasmáticas de outros tipos celulares, mas recebe o nome de sarcolema, pois sua denominação é derivada da junção das palavras gregas *sarx* ou *sarkos*, que significa carne, e lema que significa casca.

Com característica bastante elástica, ela pode suportar as distorções que ocorrem nas fases de contração, relaxamento e estiramento do músculo. Outra característica exclusiva do sarcolema é a formação de invaginações ao longo de toda a superfície da fibra, formando uma rede de túbulos transversais ou túbulos T.

Um sistema de túbulos, chamado túbulos transversos ou apenas túbulos T, posiciona-se perpendicularmente às miofibrilas. As miofibrilas são compostas por pequenas unidades chamadas sarcômeros, os quais são constituídos por filamentos finos e grossos que se interdigitam (citado por RAWN, 1989).

SARCOPLASMA

O sarcoplasma de uma fibra muscular é o conteúdo do sarcolema, que corresponde ao citoplasma de outras células, excluindo os núcleos.

É formado por uma matriz citoplasmática com 75% a 85% de água, moléculas de gordura, grânulos de glicogênio e de organelas, assim como de miofibrilas pertinentes ao músculo.

SARCÔMERO

É definido como o segmento entre duas linhas **Z** sucessivas, incluindo, portanto, uma banda **A** e duas metades de bandas **I**. Os comprimentos do sarcômero e da banda **I** variam de acordo com o estado de contração do músculo, enquanto a banda **A** permanece constante.

Na maioria dos músculos em repouso dos mamíferos, o sarcômero tem aproximadamente 2,5µm de comprimento. No centro da banda **A** existe uma zona mais esbranquiçada, chamada faixa **H**, que por sua vez é cortada por uma estreita linha escura chamada linha **M**, que deste modo se localiza precisamente no centro da banda **A**. Além disso, em cada lado da linha **M**, dentro da zona **H**, existe uma região um pouco mais clara que é denominada de pseudozona **H**.

NÚCLEOS

A concentração do número de núcleos de uma fibra muscular esquelética varia de acordo com o seu comprimento, quanto maior for o comprimento da fibra, maior será sua concentração de núcleos, distribuídos regularmente a espaços de 5μm ao longo do eixo longitudinal.

Nos humanos, os núcleos são alongados na direção da fibra e normalmente se localizam logo abaixo do sarcolema. As concentrações de núcleos aumentam perto das junções mioneurais e nas proximidades de união com tendões e sua distribuição é menos regular.

HIPERTROFIA

Talvez seja o objetivo mais difundido e procurado pelos adeptos ao treinamento de força – ganhar volume muscular.

MACDOUGALL (1992) listou como responsável pela hipertrofia o aumento do número e do tamanho das miofibrilas e ainda o aumento do tamanho do tecido conjuntivo e de outros tecidos não-contráteis do músculo. Também relatou o aumento do tamanho e provavelmente do número de fibras musculares (citado por BADILLO & AYESTARÁN, 2001, p. 59).

HIPERPLASIA

Aumento no número das fibras musculares (*ibid*., p. 62). A pesquisa sugere que as fibras se dividem no sentido longitudinal, formando novas fibras.

Apesar de não ser totalmente comprovada a teoria da hiperplasia, testes feitos em roedores mostraram a formação de células satélites, quando eles foram expostos a sessões contínuas de treinamento resistido.

Vista geral de um músculo e sua composição

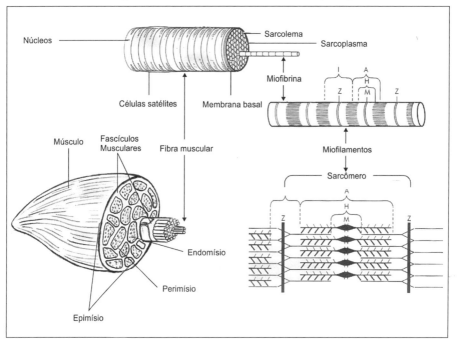

PRINCIPAIS PROPRIEDADES FISIOLÓGICAS DOS MÚSCULOS

Capítulo 2

É preciso sentir como o treinamento para ganho da força atua em nosso corpo. Por isso, para que o entendimento seja além de visual, também sinestésico, neste capítulo veremos todo o funcionamento dos músculos. Sugiro que o leitor neste exato momento movimente um dos braços e observe seu bíceps braquial e seu deltoide anterior exercendo as funções descritas a seguir:

➠ **Extensibilidade e elasticidade:** Mantendo-se fixa uma extremidade de um músculo e tracionando-se a outra, o músculo alonga-se: ele é extensível, deixando de tracioná-lo verificamos que ele volta ao seu comprimento original graças a sua elasticidade. Se a tração for muito intensa as fibras musculares podem ser danificadas e o músculo perde sua elasticidade.

➡ **Excitabilidade e contrabilidade:** Aplicando uma corrente elétrica em um músculo, verificaremos que ele diminui seu comprimento e aumenta sua espessura, dizemos sobre esse fenômeno que o músculo é contrátil. O frio, o calor, uma picada de alfinete e até mesmo um simples toque quando aplicados a um músculo provocam uma contração, essa característica define o que chamamos de excitação. No organismo, é do nervo motor que os músculos recebem excitação.

A célula muscular está sob o controle do sistema nervoso e cada músculo possui seu nervo motor, o qual divide-se em muitos ramos para poder controlar todas as células do músculo.

As divisões mais delicadas destes ramos terminam num mecanismo especializado e conhecido como **placa motora**. Quando um impulso nervoso passa através do nervo, a placa motora transmite o impulso às células musculares determinando sua contração. Se o impulso para a contração resulta de um ato de vontade consciente, chamamos esse músculo de voluntário, e se o impulso parte de uma porção do sistema nervoso sobre o qual o indivíduo não tem controle consciente, deduzimos que o músculo é involuntário.

➡ **Músculos voluntários:** Possuem estrias transversais e suas células são multinucleadas. Ex.: Músculos esqueléticos, pois estão fixados pelo menos por uma das extremidades ao esqueleto.

➡ **Músculos involuntários:** São lisos, isto é, não possuem estrias, suas células possuem um único núcleo. Ex.: Músculos viscerais – encontrados na parede das vísceras.

➡ **Músculo Cardíaco ou Miocárdio:** É o músculo do coração, funciona como os músculos lisos, mas possuem estrias. O coração é basicamente um invólucro muscular formado por duas bombas divididas em dois compartimentos ligados por válvulas.

COMPONENTES ANATÔMICOS DE UM MÚSCULO ESTRIADO ESQUELÉTICO

Um músculo esquelético típico possui uma porção média e duas ou mais extremidades. A porção média é carnosa, vermelha no vivente (vulgarmente chamada "carne") e recebe o nome de ventre muscular, é a parte ativa do músculo, pois é a parte contrátil.

Quando as extremidades de um músculo são cilindroides, ou então têm forma de fita, chamam-se tendões, e quando são laminares recebem o nome de aponeuroses.

Tanto tendões quanto aponeuroses são esbranquiçados e brilhantes, muito resistentes e praticamente inextensíveis, constituídos por tecido conjuntivo denso e rico em fibras colágenas. A grande função dos tendões e aponeuroses é prender o músculo ao esqueleto.

Às vezes os tendões e aponeuroses podem prender em outros elementos como: cartilagens, cápsulas articulares, derme, etc.

FÁSCIA MUSCULAR

É uma lâmina de tecido conjuntivo que envolve cada músculo. A espessura da fáscia muscular varia de músculo para músculo, dependendo de sua função. Quando fica espessada contribui para prender o músculo ao esqueleto. Funciona como uma bainha elástica de contenção, na contração muscular permite o fácil deslizamento dos músculos entre si.

ORIGEM E INSERÇÃO

Por razões didáticas, convencionou-se chamar de origem ou ponto fixo a extremidade do músculo presa à peça óssea quando não se desloca. E de inserção ou ponto móvel a extremidade do músculo presa à peça óssea que se desloca.

Ex.: o Músculo Braquial prende-se na face anterior do úmero e da ulna, atravessando a articulação do cotovelo. Ao contrair-se, executa a flexão do antebraço, consideramos sua extremidade umeral (proximal) como origem e sua extremidade ulnar (distal) como inserção.

CLASSIFICAÇÃO DOS MÚSCULOS

Capítulo 3

O número de músculos do corpo excede os 400 (50% da massa corporal). Por esse motivo é mais fácil dividi-los quanto à forma do que simplesmente classificá-los quanto a sua função motora.

Vários são os critérios para classificá-los e nem sempre os anatomistas estão de acordo. A seguir, será visto o que a maioria dos autores relatam sobre o assunto.

QUANTO À FORMA DO MÚSCULO E AO ARRANJO DE SUAS FIBRAS

A função do músculo condiciona sua forma e o arranjo de suas fibras. Como as funções dos músculos são múltiplas e variadas, também o são sua morfologia e arranjo de suas fibras. De um modo geral e amplo, os músculos têm as fibras paralelas ou oblíquas à direção de tração exercida pelo próprio músculo.

QUANTO À ORIGEM

Quando os músculos se originam por mais de um tendão, diz-se que apresentam mais de uma cabeça de origem. Um exemplo são os músculos bíceps, tríceps ou quadríceps conforme apresentam 2, 3 ou 4 cabeças de origem. Ex.: músculo bíceps braquial, músculo tríceps da perna, músculos quadríceps da coxa.

QUANTO À INSERÇÃO

Os músculos podem inserir-se por mais de um tendão. Quando há 2 tendões, são bicaudados, três ou mais, policaudados. Ex.: músculo flexor longo dos dedos do pé, músculos flexores e extensores da mão.

QUANTO À AÇÃO

Dependendo da ação principal resultante da contração do músculo, ele pode ser classificado como flexor, extensor, adutor, abdutor, rotator medial, rotator lateral, flexor plantar, flexor dorsal, supinador, pronador, etc.

MECÂNICA MUSCULAR

De forma harmoniosa, a contração do ventre muscular vai produzir um trabalho mecânico, que é representado pelo deslocamento de um segmento do corpo. Por isso não se encontra preso ao esqueleto. Apenas as extremidades do músculo prendem-se em pelo menos 2 (dois) ossos de maneira que o músculo cruze a articulação, isso na maioria dos casos.

Ao contrair o ventre muscular, haverá encurtamento do comprimento do músculo e consequentemente deslocamento da peça esquelética. Chegamos ao que queríamos, **movimento**.

As fibras musculares podem reduzir seu comprimento em relação ao estado de repouso em cerca de um terço ou metade. O trabalho (t) realizado por um músculo depende da potência (f) do músculo e da sua amplitude de contração (E): $T = (F \times E)$.

A potência do músculo está diretamente relacionada com o número de fibras do ventre muscular e sua amplitude de contração depende de seu grau de encurtamento. Quanto menos encurtada for a musculatura solicitada em um movimento, maior será sua amplitude.

No caso da musculatura cardíaca e dos músculos lisos, geralmente localizados nas paredes de vísceras ocas ou tubulares, também se observa trabalho. A contração destes órgãos reduz seu volume ou diâmetro e desta forma para expelir ou impulsionar seu conteúdo. Movimento conhecido como **peristaltismo**.

MECANISMO DE CONTRAÇÃO

Atualmente se aceita a teoria dos filamentos deslizantes para explicar o mecanismo de contração. Segundo esta teoria, quando o músculo se contrai, as miofibrilas de actina e miosina não se encurtam ou esticam, elas na verdade deslizam umas sobre as outras de modo que os filamentos de actina se aproximem entre si.

O músculo estriado nunca está em repouso completo e sim levemente contraído, porque recebe constantemente impulsos nervosos da medula e do cérebro. A esse estado de contração denomina-se **tônus**. Sempre que um músculo se contrai para executar um trabalho, ocorre uma hipertonia muscular (músculo fica mais rijo).

AÇÃO MUSCULAR

A análise de um determinado movimento é extremamente complexa. Qualquer movimento corporal envolve a ação de vários músculos. A este trabalho em conjunto de músculos e articulações daremos o nome de coordenação motora. Podendo ela ser especializada e fina como tocar um violino ou grossa como chutar um oponente na altura do joelho.

Em um movimento voluntário, há um número enorme de ações musculares que são automáticas ou semiautomáticas. Por exemplo, se estamos sentados e nos movimentamos para apanhar um objeto que caiu ao solo, o uso dos dedos é o movimento principal desejado e consciente. Mas, para chegarmos com os dedos ao alcance do objeto, o antebraço é estendido, alguns músculos estabilizam o ombro, outros agem sobre a coluna para estabilizar o tronco e ainda haverão outros músculos agindo nos membros inferiores, tudo a fim de assegurar o equilíbrio e possibilitar a perfeita execução do movimento desejado.

Quando um lutador quer socar seu oponente, ele só precisa pensar no soco durante a luta.

MOVIMENTOS MUSCULARES

Capítulo 4

Os vários tipos de movimentos que o corpo pode executar dependem da atuação característica de diversos tipos de músculos.

➠ **Músculos Flexores:** São os que permitem que as extremidades se dobrem ao nível das articulações respectivas.

➠ **Músculos Extensores:** Têm ação antagônica à dos flexores, pois permitem a extensão das extremidades.

➠ **Músculos Abdutores:** São os que afastam uma extremidade, para longe da linha média do corpo. Ex.: quando abrimos os braços.

- **Músculos Adutores:** Do contrário, são aqueles que aproximam as extremidades à linha média do corpo.

- **Músculos Rotatores:** Permitem a rotação: do polegar, do pescoço, etc...

- **Cadeia Cinética:** Combinação de várias articulações, que unem segmentos sucessivos (LEHMKUHL & SMITH, 1989).

- **Cadeia Cinética Aberta:** Combinação de articulações, onde o segmento distal encontra-se livre no espaço, ou seja, vencendo resistência que impediria sua livre movimentação (baseado em Brunnstrom, 1989).

- **Cadeia Cinética Fechada:** Combinação de articulações, onde o segmento distal encontra-se fixo. Em 1955, Steindler citou: "... é aquela na qual a articulação terminal encontra uma resistência considerável que proíbe ou restringe sua livre movimentação" (*ibid.*). A cadeia cinética fechada resulta em compressão das superfícies articulares e isso facilita a coativação muscular, melhorando a estabilidade articular.

- **Cadeia Cinética Mista:** Combinação das duas. Pedalar, enquanto a uma perna é imposta uma resistência, a outra se movimenta livremente. Para alguns autores, o ato de pedalar é unicamente uma cadeia cinética fechada. Mas, se analisarmos as duas pernas durante o movimento veremos que existe um componente misto.

TREINAMENTO DE FORÇA CONTRARRESISTIDO

Capítulo 5

É consenso entre as comunidades médicas e científicas que a força muscular é fundamental para a saúde, funcionalidade e qualidade de vida. Foi percebida então a necessidade do treinamento contra resistência para desenvolvimento da força musculoesquelética e suas outras contribuições como redução de fatores de risco de diversas patologias, incluindo doença arterial coronariana, diabetes não insulino-dependente, câncer de cólon e inclusive prevenção de osteoporose, perda de peso e sua manutenção, estabilidade dinâmica e preservação da capacidade funcional, além de fatores psicológicos como o bem-estar.

Uma publicação feita no American College of Sports Medicine: "Progression Models in Resistance Training for Healthy Adults". Traduzindo, Modelos de Progressão do Treinamento de Força para Adultos Saudáveis é a utilização de ações musculares concêntricas e excêntricas em exercícios uniarticulares e multiarticulares, progredindo dos maiores grupos para os menores grupos, exercícios multiarticulares para uniarticulares e de maior intensidade para menor intensidade. Essa publicação lançou ao mundo os benefícios da musculação, apesar de muitos médicos brasileiros enxergarem ainda muitos problemas na prescrição do treinamento de força para seus pacientes.

Observamos em algumas academias de luta, onde existe o foco na preparação física, aqui, no Brasil, isso não ocorre. Muitos treinadores despreparados estimulam e até mesmo obrigam seus alunos a treinamentos exaustivos e uniarticulares quase diariamente e por longas sessões de duração com sobrecarga inadequada.

Para lutadores iniciantes são recomendadas cargas correspondentes de oito a doze repetições máximas, quando trabalhados com carga adicional. Para intermediários e avançados é recomendada uma zona mais extensa, de uma a doze repetições realizadas de forma periodizada com ênfase final em altas cargas de uma a seis repetições máximas e intervalos de descanso de pelo menos três minutos em três séries realizados à velocidade de contração moderada.

A recomendação para frequência de treinamento para iniciantes e alunos intermediários é de duas a três vezes por semana e de quatro a cinco vezes por semana para avançados. Será sempre necessário um período de recuperação maior, toda vez que se adiciona a um movimento uma dificuldade e/ou sobrecarga.

FLECK & KRAEMER (1999, p. 56) afirmaram:

> *O número de fibras musculares numa unidade motora depende da quantidade de controle fino requerido por sua função. Por exemplo: no músculo ciliar, que controla os ligamentos do cristalino, no olho, as unidades motoras podem conter apenas 10 fibras musculares, enquanto no gastrocnêmio até 1.000 fibras*

musculares podem ser encontradas numa unidade motora. A média para todos os músculos do corpo é de cerca de 100 fibras musculares por unidade motora.

SALE (1992) citou que os levantadores de peso, iniciantes, não eram capazes no início do treinamento de recrutar estas unidades motoras de alto limiar de ativação. Atesta ainda que só com o treinamento é que os nervos motores serão capazes de ativar estas unidades motoras de alto limiar.

Antes de se pensar em prescrição de série de treinamento de força, deve-se conhecer a fundo os princípios técnicos necessários para correto aprimoramento da força.

FATORES NEURAIS

O trabalho contrarresistido atua diretamente na coordenação inter-muscular, gera uma melhora na relação agonista-antagonista (cocontra-ção), melhora na relação agonista-sinergistas e desenvolve também a coordenação intramuscular. Essa coordenação intramuscular nada mais é que o aumento do número de unidades motoras recrutadas, tamanho das unidades motoras recrutadas (princípio do tamanho) e frequência de contração de cada unidade motora.

A unidade motora é definida como o axônio do neurônio motor e todas as fibras musculares por ele inervadas. Os fatores neurais são os principais responsáveis pelo aumento da força nas primeiras semanas de treinamento com pesos (Fleck & Kraemer, 1997).

A quantidade de força exercida durante um esforço é diretamente proporcional ao número de unidades motoras recrutadas, ou seja, quanto mais unidades motoras envolvidas, maior a força (Rocha, 2004).

FATORES MUSCULARES

Os lutadores não visam, ou melhor, não deveriam visar em seus treinamentos a hipertrofia crônica como resultado, aquela conseguida a todo o momento.

Um acréscimo constante no peso corporal seria uma dificuldade extra para o atleta. Para isso, conhecer os mecanismos de hipertrofia muscular e saber que eles estão diretamente ligados aos tipos de sobrecarga faz-se necessário.

A hipertrofia ocorre devido principalmente à sobrecarga tensional e metabólica.

➡ **Sobrecarga Tensional:** Promove a hipertrofia miofibrilar devido ao aumento do conteúdo de proteínas contráteis nas miofibrilas, que proporciona o aumento no tamanho das miofibrilas. Isso ocorre principalmente graças ao treinamento com cargas elevadas.

➡ **Sobrecarga Metabólica:** Promove a hipertrofia sarcoplasmática (aumento de creatina fosfato, glicogênio e água que ocorre graças ao tempo prolongado de contração), os estudos sugerem repetições elevadas e/ou intervalos curtos.

A hipertrofia máxima e crônica será atingida quando se equilibrar peso elevado, repetições altas e intervalos curtos a fim de proporcionar simultânea ou alternadamente dentro do processo de periodização do treinamento a sobrecarga tensional e metabólica. Devemos nos preocupar com um ganho significativo em hipertrofia, pois pode ocorrer perda de velocidade e/ou diminuição na flexibilidade, se estes não forem treinados devidamente.

PRINCÍPIOS DO TREINAMENTO DE FORÇA

Capítulo 6

O treinamento melhora o desempenho de tarefas específicas por meio das adaptações bioquímicas e fisiológicas que ocorrem devido à repetição de séries de exercícios realizados durante dias, semanas ou meses. A magnitude e a natureza da resposta de adaptação dependem da duração e da intensidade dos exercícios, da frequência de repetição da atividade, do tipo de treinamento, do nível precedente de atividade do indivíduo e das limitações genéticas. Para que ocorra uma adaptação efetiva é necessária a aplicação de uma sobrecarga de exercício repetida e específica.

A adaptação ao treinamento só ocorre quando o indivíduo pratica exercícios regularmente e a um nível de atividade acima do seu costume. Em virtude de combinações variadas de duração, frequência, intensidade e modo de treinamento pode-se obter a sobrecarga adequada a um indivíduo (MAUGHAM; GLEESON; GREENHAFF, 2000).

As adaptações metabólicas e fisiológicas ao treinamento normalmente são específicas à natureza da sobrecarga de exercício. Isso quer dizer que o treinamento de velocidade e força, por exemplo, gera adaptações diferentes das do treinamento de resistência. Este último, em relação ao músculo esquelético, tem como principais efeitos a relação com sua capacidade oxidativa e seu suprimento capilar, enquanto o treinamento de força influencia principalmente o tamanho (área transversa) de um músculo e, consequentemente, sua capacidade de gerar força.

O tipo de treinamento específico é importante, por exemplo, o desenvolvimento da capacidade de resistência para ciclismo, corrida, remo ou natação é alcançado com mais eficácia quando o treinamento engloba os músculos específicos utilizados na atividade em vista. Isso acontece devido ao exercício regular produzir adaptações periféricas (como melhora do desempenho muscular local) e centrais (como melhora do desempenho cardíaco).

As adaptações ao treinamento são essencialmente reversíveis e transitórias: após a interrupção do treinamento somente por alguns dias é patente a redução na capacidade de trabalho e na capacidade metabólica, e muitas das melhorias provenientes do treinamento desaparecem em poucos meses de interrupção (MAUGHAM; GLEESON; GREENHAFF, 2000).

PRINCÍPIO DA SOBRECARGA

O princípio da sobrecarga é um princípio fisiológico básico do exercício. Este princípio afirma que um grupo muscular ou um músculo aumenta sua força devido diretamente à sobrecarga imposta a ele (THOMPSON & FLOYD, 1997).

Ocorre uma recuperação do organismo com objetivo de restabelecer o equilíbrio imediatamente após a aplicação de uma carga de trabalho. Um treinamento com alta intensidade provoca a depleção das reservas energéticas do organismo e o acúmulo de ácido tático e outros substratos. Segundo MATHEWS e FOX (1983), a reposição destas reservas ocorre em nível muscular nos primeiros três ou cinco minutos da recuperação. No entanto, a reposição total em nível orgânico só é alcançada com uma alimentação suficiente e um repouso prolongado.

HEGEDUS (1969) denominou esse fenômeno de "assimilação compensatória", que seria composta de um período de recuperação, onde seriam recompostas as energias e os substratos depletados, e de um período de restauração ampliada, no qual seria assimilada uma "overdose" energética. A garantia da existência da supercompensação permanentemente depende do equilíbrio entre o estímulo aplicado e o tempo de recuperação. A aplicação de uma nova carga depende da intensidade da carga anterior, do período de recuperação (anabolismo) e do período de restauração ampliada (supercompensação).

Em resposta a uma sobrecarga de treinamento, um sistema orgânico (musculoesquelético, cardiovascular, entre outros) aumenta sua capacidade. Para que esse aumento ocorra é necessário que o programa de treinamento trabalhe o sistema acima do seu nível habitual; por outro lado, o efeito do treinamento é rapidamente perdido (reversibilidade) quando um atleta o interrompe (POWERS & HOWLEY, 2000).

É necessário que os preparadores físicos utilizem este princípio para todos os grandes grupos musculares no corpo, de forma progressiva durante todo o ano e em todos os níveis etários. O número de repetições, o peso, aumentar a velocidade de execução do movimento e um número maior de sessões de exercício são formas de aplicar este princípio (THOMPSON & FLOYD, 1997).

Com o objetivo de manter e melhorar a força dos grupos musculares, muitos técnicos estão fazendo com que seus atletas realizem várias atividades de treinamento com pesos (princípio da sobrecarga) no decorrer da temporada (THOMPSON & FLOYD, 1997).

Um atleta pode ser capaz de suportar o estresse imposto pela sobrecarga durante curto prazo. Porém, quando imposto durante longo prazo, o princípio da sobrecarga levará ao supertreinamento e a níveis críticos de fadiga, pois quando aplicado de forma rígida não permite fases de regeneração. Isto é observável em diversos desportos em que cargas não apropriadas resultam com frequência em supertreinamento e lesões por estresse (BOMPA, 2002).

PRINCÍPIO DA ESPECIFICIDADE

Ao se projetar um programa de exercícios, devem ser abordadas as necessidades específicas do indivíduo. Com o intuito de satisfazer às necessidades do indivíduo será necessário muito frequentemente analisar sua habilidade técnica e os exercícios. Potencialmente os exercícios a serem usados devem ser analisados com a meta de determinar como será adequado às necessidades específicas do indivíduo. Por meio da análise de acompanhamento dos exercícios e uma observação regular podemos certificar a execução exata própria da técnica correta (THOMPSON & FLOYD, 1997).

O princípio da especificidade é aquele que estipula, como ponto fundamental, que o treinamento seja montado sobre os requisitos específicos da *performance* esportiva em detrimento da capacidade física interveniente, do sistema energético predominante, segmento corporal e a coordenação motora (técnicas) requeridos.

O conceito de especificidade não abrange somente os músculos específicos envolvidos em certo movimento, mas os sistemas energéticos que fornecem a ATP necessária para completar o movimento em condições competitivas. Portanto, os programas de treinamento devem se preocupar com a especificidade não utilizando apenas os grupos musculares envolvidos durante a competição, mas também os sistemas energéticos que disponibilizarão a ATP (POWERS & HOWLEY, 2000).

A especificidade do treinamento está intimamente relacionada com o sistema nervoso, já que a partir do momento que um indivíduo aprende uma nova habilidade motora onde ele não domina o gesto, deve ser treinado o movimento até que se estabeleça o padrão neurológico.

Durante o treinamento de força existe um processo de aprendizagem que ocorre nos estágios iniciais do treinamento. A maior influência desse processo se faz presente no início do programa, mas continua nos estágios avançados do treino de força. Como consequência do aprendizado do levantamento devido a um aumento notório nos determinantes físicos de força, como um aumento no tamanho da fibra, o levantador de peso iniciante mostra os ganhos de força durante os estágios iniciais. Esta é a base para o uso de levantamentos com altas repetições e resistência submáxima no início de um programa de treino de força para que o levantamento primeiro seja aprendido com segurança (HAMILL & KNUTZEN, 1999).

PRINCÍPIO DA INDIVIDUALIDADE BIOLÓGICA

Para que se compreenda o princípio da individualidade biológica é necessário ter conhecimento de que todos os seres humanos são resultantes da associação do genótipo com o fenótipo. O genótipo é entendido como a carga genética transmitida à pessoa e que determina vários fatores como: biótipo, composição corporal, força, altura, entre outros, enquanto o fenótipo pode ser explicado como tudo que é acrescido ao indivíduo desde o nascimento, sendo responsável por fatores como: consumo máximo de oxigênio, habilidades técnicas, entre outros.

De acordo com DANTAS (1985), os potenciais são estabelecidos geneticamente, e as habilidades ou capacidades manifestadas são provenientes do fenótipo.

Diversos fatores estão relacionados à magnitude dos ganhos de força vistos durante o treinamento de força. Primeiramente existe uma limitação genética para os aumentos de força que podem ser alcançados, estabelecidos pela distribuição dos tipos de fibras e tipo de corpo, ou antropometria musculoesquelética. Isso não é modificado pelo treinamento. Com um trabalho sendo realizado dentro desses limites genéticos, pode-se controlar diretamente os ganhos de força utilizando atentamente os princípios de treinamento (HAMILL & KNUTZEN, 1999).

O treinamento contemporâneo tem como uma das principais exigências a individualidade. Isto significa que o treinador necessita tratar cada atleta de forma individualizada, levando em conta suas características de aprendizagem, suas habilidades, seu potencial, além da especificidade do desporto, independentemente do seu nível de desempenho. Todo conceito de treinamento deve ser moldado segundo as características psicológicas e fisiológicas para assim elevar os objetivos do treino.

A individualidade não é um método para ser usado na especialização de um indivíduo para uma posição em uma equipe ou para um evento, tampouco para correção técnica, deve sim ser utilizado como um meio que possibilita avaliar subjetiva e objetivamente um atleta. Sendo assim, o treinador deve maximizar as habilidades de um atleta e entender suas necessidades de treinamento (BOMPA, 2002).

PRINCÍPIO DA ADAPTAÇÃO

Para que possa ser compreendido o princípio da adaptação é necessário que se entenda o conceito de homeostase que é definido como sendo o estado de equilíbrio instável mantido entre os sistemas constitutivos do organismo vivo, e o existente entre este e o meio ambiente. Veja que esse equilíbrio pode ser quebrado por fatores externos como esforço físico, calor, variação de pressão ou fatores internos (normalmente provenientes do córtex cerebral). Sempre que essa homeostase é rompida, o organismo aciona um mecanismo compensatório que procura restabelecer o equilíbrio. Conclui-se que todo estímulo provoca uma reação do organismo, gerando uma resposta. A intensidade do estímulo, principal preocupação do princípio de adaptação, será diretamente proporcional a essa resposta.

A partir do momento que o corpo se adapta à sobrecarga física, o resultado dos exercícios sistemáticos é o desenvolvimento da capacidade física do atleta, em particular da força, desde que a rotina do treinamento seja executada de forma correta e com planejamento. A palavra adaptação é conceituada em um contexto geral como o ajustamento de um organismo ao seu meio ambiente. Isto quer dizer que se o meio ambiente mudar, o organismo modifica-se para sobreviver melhor nas novas condições. Um estímulo muito importante para adaptação é o exercício ou trabalho físico regular. Um treinamento tem como principal objetivo provocar adaptações específicas com a intenção de alcançar melhores resultados na *performance* esportiva (ZATSIORSKY, 1999).

A capacidade de desempenho do atleta reflete o nível de adaptação, isto é, quanto maior o grau de adaptação, melhor o desempenho. A adaptação ao treinamento é a soma das modificações fisiológicas e estruturais, ocasionadas devido à repetição sistemática de exercícios, que resultam de uma exigência específica que os atletas impõem aos seus organismos, dependendo da intensidade, da frequência e do volume do treinamento. O treinamento físico traz benefícios só quando obriga o organismo a adaptar-se ao estresse induzido pelo esforço. A adaptação não ocorre se o estresse não for suficiente; por outro lado, se for intolerável, pode provocar lesões ou um supertreinamento (BOMPA, 2002).

O estresse físico "quebra" a homeostase que origina um processo chamado de Síndrome de Adaptação Geral (SAG). Essa síndrome pode ser dividida em três fases, são elas: 1. Fase de excitação (estímulos médios); 2. Fase de resistência (estímulos fortes); e 3. Fase de exaustão (estímulos muito fortes). Para evitar os processos de "overtraining", ou seja, os excessos de treinamento desencadeiam o SAG até a segunda fase.

Após uma sessão de treino é desejável que o atleta esteja cansado, mas após um período de repouso é imprescindível que tenha se recuperado totalmente e se encontre em suas perfeitas condições mentais, físicas e bioquímicas para o próximo treino.

PRINCÍPIO DA CONTINUIDADE

O treinamento é baseado na utilização de cargas crescentes, progressivamente assimiladas pelo organismo. A continuidade do processo de treinamento caracterizado pelos períodos de recuperação e a alternância entre os estímulos garante um melhor rendimento. Para se alcançar os resultados propostos no desenvolvimento das capacidades físicas visadas, é preciso um mínimo de persistência nos exercícios, com a intenção de possibilitar uma duração que permita ocorrer as alterações morfológicas e bioquímicas necessárias.

PRINCÍPIO DA INTERDEPENDÊNCIA
VOLUME *VERSUS* INTENSIDADE

Para que se consiga uma melhora na *performance* é determinado o aumento das cargas de trabalho. Quando o organismo é submetido a trabalho muito intenso só consegue executá-lo durante curto espaço de tempo; por outro lado, se é preciso realizar um esforço de longa duração, a carga será moderada.

A opção da incidência de sobrecarga no volume ou na intensidade respeita dois critérios, são eles: o período de treinamento e a capacidade física visada.

Como sobrecarga na intensidade, podemos citar a velocidade, a diminuição de intervalos entre as séries, ritmo, entre outros; já como sobrecarga no volume observem como exemplo o número de repetições e séries, horas de treinamento, duração do exercício, entre outros.

Quadro de aplicação do princípio da sobrecarga

Tipos de treinamento	Variável de referência	
	Volume (quantidade)	Intensidade (qualidade)
Treinamento contínuo	a) aumento dos percursos b) aumento do tempo de trabalho	a) aumento da velocidade em parte do percurso b) aumento do ritmo
Treinamento intervalado	a) aumento do número de estímulos b) aumento dos percursos dos estímulos	a) aumento da velocidade nos estímulos b) redução dos estímulos
Treinamento em circuito	a) maior número de passagens b) maior número de repetições nas estações	a) mais velocidade na execução b) diminuição dos intervalos entre as estações e/ou passagens
Treinamento de musculação	a) maior número de repetições dos exercícios b) maior número de séries dos exercícios	a) aumento da quilagem nos exercícios b) menor tempo de recuperação entre os exercícios e repetições
Treinamento de flexibilidade e agilidade	a) maior número de exercícios	a) diminuição do tempo das sessões sem diminuir o número de exercícios
Treinamento técnico	a) aumento das repetições dos gestos específicos (multiarticular ou não)	a) aumento da velocidade de execução dos movimentos específicos do desporto em treinamento b) redução das pausas de recuperação entre as séries de exercícios técnicos

POTENCIAL DE FORÇA

Capítulo 7

O músculo e seus nervos são considerados uma unidade neuromuscular. A função muscular é controlada pelo sistema nervoso, um neurônio motor alfa e as fibras musculares que ele inerva são chamados de unidade motora (FLECK & KRAEMER, 1999, p. 52) como visto anteriormente.

O treinamento de força é capaz de gerar mudança no músculo; estudos têm sido de grande valia para os profissionais que a todo momento buscam novas técnicas de estímulo para que seus atletas possam melhorar ainda mais suas *performances*.

Existem dois tipos de fibras: as do tipo I e as do tipo II. As do tipo I são consideradas vermelhas (maior concentração de mioglobina) de contração lenta, oxidativas mais resistentes à fadiga. As do tipo II são brancas (menor concentração de mioglobina), podem ainda subdividir-se em: Fibras do tipo IIA e IIB, de contração rápidas-oxidativas-glicolíticas e rápidas-glicolíticas e ambas com limiar de resistência à fadiga muito menor que as do tipo I.

Essa diferença de velocidade de contração existe devido ao fato de a miosina (isomorfa) depender do sarcômero que tenha em seu interior. A miosina que é capaz de hidrolisar o ATP a aproximadamente 600 vezes por segundo é denominada de rápida, a miosina que hidrolisa o ATP cerca de 300 vezes por segundo é lenta e, por último, existe a isomorfa de miosina que consegue hidrolisar em uma velocidade intermediária entre 300 a 600 vezes por segundo (HOWALD, 1984; citado por BADILLO, 2001, p. 65).

A diferença das fibras musculares é evidenciada nos primeiros anos de vida humana. Observa-se que, desde a 10ª até a 21ª semana de gestação, todas as fibras musculares são indiferenciadas. As primeiras fibras de tipo I aparecem até a 21ª semana de gestação, enquanto as primeiras de tipo II, até a 32ª semana. A diferenciação finaliza no primeiro ano de vida da criança.

Parece lógico pensar que essa origem comum das fibras musculares e sua diferenciação na idade infantil deveriam permitir uma transformação de fibras musculares em outras em função do estímulo específico a que se submetam. Será que podemos afirmar com segurança que essa transformação ocorra?

Trabalhos realizados em animais mostraram que, implantando em algumas fibras musculares rápidas um nervo de uma unidade motora que inerva as fibras musculares lentas, o músculo rápido transforma-se em um músculo lento.

O inverso mostrou-se também verdadeiro! Isso demonstra que as fibras musculares possuem a capacidade potencial para se transformarem entre si e que, por outro lado, parece não serem as características do músculo que determinam suas propriedades, mas, sim, as do nervo motor que o inerva (MOMMAERT, 1997).

A densidade capilar dos lutadores que costumam treinar com cargas de intensidade quase máxima (80% a 100%) e com poucas repetições é bastante reduzida, cerca de 50%, quando comparada aos atletas que treinam com cargas de até 70% de 1RM, com muitas repetições e até o esgotamento.

O aumento no volume do músculo, no lutador, depende do treinamento, da intensidade e da duração. Diferente dos fisicultores em que a dieta possui relação direta com a *performance*. Muitos fisicultores apresentaram baixo rendimento quando expostos a exercícios de *endurance*, isso demonstra o baixo número de atletas muito hipertrofiados entre os grandes lutadores.

A contração isométrica é a expressão mais aproximada da capacidade de contração voluntária máxima de um indivíduo. Essa expressão de força proporciona uma base de dados biomecânicos e fisiológicos importantes para a avaliação das características da força e é tomada como referência válida das mudanças produzidas pelo treinamento.

Teste seu cliente a cada ciclo do treinamento estabelecido. O que pode ser de 30 em 30 dias ou de acordo com sua conveniência. Mensuramos também a glicose sanguínea, o pulso cardíaco e a pressão arterial.

TIPOLOGIA DE FORÇA

Capítulo 8

➠ **Força Máxima:** É a força máxima que um músculo pode voluntariamente gerar em uma única contração.

➠ **Força Isométrica Máxima:** É produzida quando o lutador realiza uma contração voluntária máxima contra uma resistência invencível. Se essa manifestação de força for realizada o mais rapidamente possível, a força explosiva máxima também será solicitada.

➠ **Força Excêntrica Máxima:** Observada quando se opõe à capacidade máxima de contração muscular diante de uma resistência deslocada em sentido contrário ao desejado pelo lutador. Para uma questão de controle, é preciso mensurar a velocidade ou a resistência aplicada ao movimento. Passa dos 120% da força isométrica máxima.

→ **Força Dinâmica Máxima:** É a expressão máxima de força quando a resistência só pode ser deslocada uma vez ou transcorre a uma velocidade muito baixa em uma fase de movimento. Mensura-se por um ciclo de alongamento-encurtamento e, portanto, uma ativação pliométrica.

→ **Força Dinâmica Máxima Relativa:** É a força máxima expressa diante de resistências inferiores que corresponde a FDM. Também pode ser definida como a capacidade muscular para imprimir velocidade a uma resistência inferior àquela com que se manifesta a FDM. É a principal e mais frequente expressão de força durante uma competição. Pode-se dizer que um lutador tem somente a força que é capaz de aplicar a uma velocidade dada. De nada serve uma força isométrica máxima, inclusive, dinâmica máxima muito elevada se a porcentagem dessa força aplicada a maiores velocidades for baixa.

→ **Força Explosiva:** Presente em todas as manifestações de força, representada quando o sistema neuromuscular desenvolve uma alta velocidade de ação ou para criar uma forte aceleração na expressão de força. Durante os *rounds* é a ativação neuromuscular mais solicitada.

→ **Força Elástico-explosiva:** Força utilizada no *Ground and Pound*. Para o lutador, apoia-se nos mesmos fatores que a anterior, acrescida do componente elástico que atua por efeito do alongamento prévio. Precisa de manutenção constante durante a luta agarrada.

→ **Força Elástico-explosivo-reativa:** Exercida sem ser notada pelo lutador, acrescenta à força anterior um componente de facilitação neural importante como é o efeito do reflexo miotático (de alongamento), não existiria lutas de solo sem ela.

→ **Força de *Endurance*:** É a força necessária para que um indivíduo mantenha ou sustente uma *performance*. Está diretamente ligada ao movimento.

→ **Força Reativa:** É a força usada para se ir de uma contração excêntrica para uma contração concêntrica, utilizando determinada massa com uma determinada velocidade.

BOMPA (2002) nos lembra que:

> A adaptação ao treinamento é a soma das transformações estruturais e fisiológicas, ocorridas em virtude da repetição sistemática de exercícios, que resultam de uma exigência específica que os atletas impõem aos seus organismos, dependendo do volume, da intensidade e da frequência do treinamento. (p. 14)

O treinamento físico só é benéfico ao organismo se o obriga a se adaptar ao estresse provocado pelo treinamento. Se o estresse for baixo, não terá possibilidade de provocar adaptação e consequentemente não ocorrerá nenhuma modificação. Por outro lado, se o estresse for maior do que o organismo pode se adaptar, ocasionará uma exaustão colocando o atleta sujeito a lesões devido ao *overuse* (excesso de uso) ou *overtraining* (excesso de treinamento). Será abordado em Treinamento Exaustivo.

Treinamento de força

Valências	Carga máxima (%)	Repetições	Velocidade de execução	Intervalo minutos	Respiração	Esforço muscular
Força	90-100	1 a 6	Lenta	2 a 5	Pass. ele. bloq.	Máximo
Velocidade	50	10	Rápida	3	Passiva eletiva	Moderado
Potência/ força rápida	70	8	Rápida (explosiva)	2 a 5	Passiva eletiva	Submáximo
Hipertrofia	80	7 a 12	Lenta/ Média	3	Passiva eletiva	Submáximo
Resistência local	50	13 a 40	Média	1 a 2	Continuada	Fraco
Endurance	10 a 30	50	Média	1	Continuada	Débil/Fraco

Segundo Oliveira da Rocha *et all.*

TREINANDO PARA A LUTA

Capítulo 9

Agora que já é conhecido todo o mecanismo, estruturas e princípios para o ganho de força, será evidenciado de forma clara tudo que pode ser feito na busca pelo melhor desempenho da força.

TREINAMENTO DE EXAUSTÃO

Quando se pensa em luta, independentemente do tipo de luta, em alguma fase da competição poderá ocorrer o esgotamento físico. Quando prescrevemos a um atleta uma série até a exaustão, isso quer dizer que ele deverá executar tantas repetições quanto possível com a técnica adequada até que ocorra uma falha concêntrica momentânea.

Pedimos a um praticante de Muay Thai que repetisse um movimento de chute na altura do rosto de um oponente o máximo de vezes que ele conseguisse, até a exaustão. Após 23 chutes com uma velocidade bastante alta, ele começou a perder qualidade técnica.

Interrompemos os movimentos e o deixamos descansar por 1 minuto (recuperação utilizada em um torneio profissional de MMA – Mixed Martial Arts).

Após o descanso, o atleta refez o teste e para nossa surpresa ele repetiu de forma desejada o mesmo movimento 24 vezes. Por essa qualidade técnica ele foi escolhido como atleta para o grupo controle.

Após 2 semanas de treinamento com elástico e musculação imitando o mesmo movimento, decidimos impor o mesmo teste ao atleta. Ele executou de forma impressionante o mesmo movimento 28 vezes em cada série com apenas 1 minuto de intervalo. Seu rendimento aumentou em 21,74%.

Isso apenas demonstra que quando praticamos um movimento até a exaustão e adicionamos dificuldade ao movimento de forma controlada ele se adapta e isso trará melhora de rendimento específico. Contudo, o treinamento exaustivo deve ser acompanhado de cuidados e **só atletas muito treinados devem praticá-lo!**

Acompanhamos de perto um treino, dentro da famosa academia do Mestre Artur Mariano, Champions Factory matriz Copacabana-RJ. Mestre Artur conversou com o seu amigo de longa data, professor Franklin Magalhães, e abriu as portas para que nossa pesquisa fosse feita em suas dependências. Após uma conversa descontraída, o mestre deu início a sua aula.

Um relógio digital com despertador marca o tempo de aula e do descanso do início ao fim do treino. Apesar de o grupo ser heterogêneo, o mestre sempre divide a turma de forma que todos façam o mesmo movimento, só que com intensidade diferente.

Os atletas profissionais da Champions Factory sempre fazem uso de sobrecarga adicional em suas sessões de treinamento, como já dissemos antes, sempre são nos moldes de um *round* de luta e com intervalo nos mesmos moldes. Usando marombas de 1kg, eles fazem exercício de contração isométrica para os deltoides anteriores.

Esse trabalho isométrico até a exaustão não deve ser feito para se aumentar a potência do soco e sim para aumentar a resistência dos braços durante a guarda. A ação da gravidade é sempre vertical e sustentar os braços durante 3 *rounds* de 5 minutos cada pode ser muito difícil, pode levar um atleta a entrar em fadiga antes do gongo final e muitas vezes é garantia de derrota.

Mestre Artur mostrou-se profundo conhecedor do assunto luta, e em seus 26 anos de experiência já treinou muitos campeões fazendo uso de PNL (Programação Neurolinguística). Seu treinamento assegura que seus campeões não apenas ganhem um troféu, ele consegue fazer com que eles se mantenham no topo por um longo tempo.

Muitos treinadores prescrevem treinamentos baseados em tempo de execução. O "bater saco", por exemplo, segue a mesma linha. Podendo ser estimuladas variações de velocidade e intensidade em um mesmo exercício.

A grande contraindicação do treino levado ao limite é a ocorrência da síndrome do supertreinamento ou *overtrainning*. Segundo um estudo feito por WILMORE (2001), apesar das causas da quebra no desempenho não serem totalmente compreendidas, o quadro de supertreinamento frequentemente parece estar associado aos períodos de excesso de treinamento.

Esse quadro comumente ocorre quando a carga de treino é muito intensa ou o volume de treinamento ultrapassa a capacidade do corpo de recuperação e de adaptação, o organismo apresenta mais catabolismo do que anabolismo.

Para alguns autores, todo os sintomas que fazem parte do *overtrainning* o elevam ao estado de distúrbio neuroendócrino provocado pela falta de compatibilidade entre a prática esportiva e os processos de descanso, acarretando problemas metabólicos

Para melhor entendimento desta síndrome, é necessário conhecer o tipo de treinamento a que os atletas estão submetidos. A maioria dos atletas de alto rendimento segue uma rotina de treino determinada por seu treinador, normalmente essa rotina é adequada ao atleta e direcionada para seu objetivo principal.

Os ciclos específicos de treinamento devem-se, em sua maioria, à teoria da supercompensação. O princípio da teoria é que todo atleta ao ser submetido a um esforço que supere o seu limite tende a se recuperar e atingir condições superiores ao patamar anterior, promovendo assim uma evolução no seu condicionamento.

Por outro lado, os atletas que treinam exaustivamente a todo o momento, no intuito de estarem sempre prontos, correm o grande risco de deixarem de ser atletas. Os níveis hormonais de esportista deveriam ser monitorados pelo menos 2 vezes ao ano, isso na verdade não ocorre por falta de conhecimento e sim por falta de recursos.

Um hormônio pouco conhecido do grande público é o Cortisol, sintetizado no córtex suprarrenal, é importante saber sobre ele, pois favorece o catabolismo das proteínas do músculo.

Por exemplo, se o nível de cortisol aumentar constantemente, com a degradação das proteínas ocorrerá atrofia muscular e consequentemente diminuição da força. Os receptores de cortisol são os mesmos da testosterona, hormônio sexual anabolizador, como estes receptores estão presentes no corpo em pequenas quantidades acaba ocorrendo uma competição entre os dois hormônios.

Uma produção elevada de cortisol acaba por inibir a produção de testosterona. Os estudos de KUOPPASALMI em 1985 já demonstravam que durante o exercício físico a concentração de cortisol aumenta com a intensidade do exercício.

O hormônio sexual testosterona é produzido pelos testículos, ovários e pelas glândulas suprarrenais em menor quantidade. Porém, depende de outros hormônios para ser produzido.

Os testículos e ovários são estimulados a produzir testosterona por um hormônio chamado Hormônio Luteinizante (LH), esse, por sua vez, é produzido por uma glândula situada no cérebro, a Pituitária. A glândula Pituitária é estimulada por um hormônio (gonadotrófico) produzido no

Hipotálamo cerebral. O Hipotálamo exerce muitas funções, dentre elas ser o centro processador das emoções e do comportamento sexual e regular a homeostase corporal.

Os estudos de NAHAS (2001) nos ensinam que a persistência da situação de estresse que muitas vezes ocorre fora do centro de treinamento causa no organismo um pico onde são liberados os hormônios glicocorticoides. Esses picos hormonais em doses adequadas estimulam o centro nervoso da memória e da aprendizagem, mas, quando produzidos em grande quantidade, como nos casos de estresse crônico, são prejudiciais à saúde, diminuindo a ação do sistema imunológico e tornando o organismo mais vulnerável a infecções. Além disso, WILMORE e COSTILL (2001) também nos ensinam que o cortisol pode ser um indicador da síndrome do supertreinamento.

Vou relatar agora um estudo feito com maratonistas, que é o mais comum esporte exaustivo que existe. O estudo feito por FRANÇA (2006) citou que foi analisada a resposta dos níveis séricos de testosterona (T) e cortisol (C) e das enzimas de desgaste muscular CK, CKMB e LDH, em 20 atletas masculinos sadios e com idades entre 25 e 40 anos, participantes de uma maratona com 42,2 km.

Foram feitas coletas de sangue venoso em 3 períodos: 1) pela manhã, 48h antes da maratona, chamado de controle; 2) logo após o término da corrida no final; e 3) na manhã seguinte, 20h após a realização da prova na suposta fase de recuperação. Ao final, a **testosterona** estava evidentemente mais baixa (de 673 iniciais para 303ng/dl finais) e o **cortisol** mais elevado (de 20,3 iniciais para 42,5μg/dl finais) que, na fase de controle, o estudo nos permite comprovar que uma corrida de maratona causa intenso estresse físico, provocando desequilíbrio hormonal e podendo acarretar lesão muscular severa.

Outro estudo interessante foi feito por UCHIDA *et al* (2004), com 5 mulheres adultas (22 a 26 anos), praticantes de treinamento de força, saudáveis e não tabagistas. No estudo, foi utilizado um protocolo durante doze meses de treinamento de força com múltiplas séries, onde foram analisados os níveis de testosterona e de cortisol.

No estudo, a intensidade do treino era de 90% a 100%, com 10 repetições e com 4 séries de exercício. Com descanso de 90 segundos o treino tinha uma média de 6 a 8 exercícios por sessão. Ao final de oito semanas de treino, foi observada nesta amostra uma diminuição do cortisol no estado de repouso nos indivíduos e não ouve modificação na concentração da testosterona total.

Concluímos que o treinamento de força, com o método de múltiplas séries, apresentou respostas favoráveis para o sistema imunológico e mostrou-se muito favorável ao anabolismo proteico.

Em um estudo feito por ÁVILA (2006) foi observado que no treinamento resistido nas intensidades de 50% e 80% de 1RM, em uma amostra composta por 15 idosos que não apresentavam quadro positivo de HIV, não houve correlação entre o cortisol e a depressão do sistema imunológico em ambas as intensidades, apesar do aumento do cortisol na resposta aguda após sessão de treinamento. Neste estudo, os intervalos entre as séries eram de oitenta segundos, as repetições variavam entre 8 e 13 repetições máximas e a respiração utilizada era passiva eletiva.

De acordo com outro estudo, feito por BRACCO (2002), durante o exercício físico as fontes de energia são mobilizadas e tendem a liberar glucagon (hormônio pancreático de ação antagônica à insulina), cortisol, testosterona e hormônio de crescimento.

O aumento do cortisol está associado à ação estressora (HUCKLE-BRIDGE, CLOW & EVANS, 1998) e a condições lesivas (GUYTON, 2002). MAUGHAN, GLEDSON e GREENHAFF (2000) também reafirmam que a lesão muscular causada pelo exercício está relacionada aos aumentos substanciais nos níveis de cortisol plasmático, podendo estes manter-se elevados durante vários dias.

Os professores e treinadores de atletas de luta devem saber que o cortisol não apresenta uma única resposta ao exercício físico, estando relacionado a vários fatores como glicemia, ciclo circadiano (período de 24 horas), mostrando-se sempre presente em situações estressantes como infecções, traumatismo, calor ou frio intenso, na presença de noradrenalina, entre outras (BRUGGER, 1998).

Outro fato importante a ser considerado é que a diminuição da glicemia sérica durante o exercício, devido à intensidade ou mesmo ao volume, parece estar diretamente relacionada ao aumento de cortisol (BRUGGER, 1998). Por isso seria indicado verificar a glicemia antes e após um treino exaustivo.

Artur Mariano e seu mestre Luiz Alves.

Artur Mariano sagrou-se Campeão do IVC 2 (The International Vale Tudo Championships) – em 1997. Fez uma luta histórica contra o mundialmente conhecido Wanderlei Silva. Artur Mariano relatou que se sentiu totalmente esgotado após essa luta.

Quem acompanhou de perto a luta Artur *versus* Wanderlei sabe exatamente o que é uma guerra de verdade, na época as regras eram mínimas: não valia dedo nos olhos, morder, segurar as cordas e colocar as mãos ou os pés dentro do calção. Sem luvas o evento tornou-se o mais contundente já transmitido pela TV e vários atletas tiveram lesões graves após o combate.

O esgotamento físico não é tão evidente nos dias atuais, pois a grande maioria dos combates podem durar no máximo 15 minutos, mas a intervenção médica pode não deixar o tempo transcorrer normalmente até o final.

No início dos anos 30, o limite de tempo era inexistente e as lutas poderiam durar mais de 90 minutos sem interrupção.

Atualmente, vários atletas me relataram cansaço exagerado durante suas sessões de treinamento. Essa fadiga causada pelo supertreinamento é conhecida como fadiga neuromuscular, muitos estudos sugerem que o SNC (Sistema Nervoso Central) pode estar envolvido na limitação ou queda do desempenho, causando diminuição da motivação e redução do recrutamento dos motoneurônios.

Devemos entender que o SNC possui entre suas ações excitar e inibir a atividade física, e é essa alternância de estímulos que está diretamente relacionada à melhora ou não do desempenho humano.

Quando a excitação prevalece, os impulsos nervosos são mais efetivos e o treinamento exaustivo causa melhor desempenho de movimento; podemos afirmar que a inibição é mais tardia e isso é na verdade o famoso ganho de rendimento.

A fadiga torna-se evidente quando a célula nervosa permanece em inibição e a contração muscular é fraca e lenta. Esse estágio deve ser respeitado e o treinamento deve ser repensado.

No treinamento exaustivo, a musculatura esquelética produz força pela ativação progressiva de suas unidades motoras. As fibras de contração rápidas glicolíticas e as oxidativas glicolíticas são mais suscetíveis à fadiga do que as fibras de contração lenta. No entanto, as fibras lentas, como citado anteriormente, possuem uma especialização que aumenta o potencial aeróbico devido à alta concentração de mioglobina e pelo alto nível de atividade enzimática na mitocôndria.

Outros tipos de fadiga como metabólica e neuroendócrina não foram evidenciadas nem comprovadas durante as 2 semanas de teste e por isso não serão citadas.

Formas simples de se evitar o *overtrainning* seriam:

- Respeitar a individualização das cargas no treinamento, cada atleta reage de uma maneira à mesma carga de treinamento.
- Monitoramento constante do treinamento por meio de variáveis fisiológicas (glicemia, frequência cardíaca e pressão arterial) e psicológicas, principalmente nas fases críticas de treinamento, em que as cargas são muito elevadas.
- Análise do estilo de vida do atleta e fatores externos ao treinamento.
- Planejar o treinamento, incluindo de maneira sistemática os períodos de recuperação.
- Respeitar os períodos de recuperação que são tão importantes quanto os estímulos de treinamento para o aumento do rendimento esportivo.
- Estímulos relaxantes em ambientes tranquilos são antiestressantes.
- Manutenção de uma boa condição física e nutrição adequada.

Mestre Artur Mariano atualmente. Iniciando mais um treinamento tendo sempre como objetivo ao aprimoramento da força e da técnica.

TREINAMENTO ISOMÉTRICO

Muito conhecido como treinamento estático ou sem movimento, é um dos fatores que fazem a grande diferença entre os praticantes de jiu--jítsu, judô e luta livre olímpica.

Acompanhamos um grupo de 10 praticantes de esporte que envolvesse pontos de aplicação de força sem movimento, lutas de solo. Os lutadores treinados com estímulos de contrações isométricas de intensidade superior a 80% da força máxima sempre apresentaram desenvolvimento superior aos treinados com cargas inferiores. O grupo era exposto a cargas que chegavam aos 120% da sua força máxima, previamente já testado em um teste de 1RM (1 repetição com o máximo de carga) por tempo máximo de 10 segundos.

Ao final do exercício, quando testados novamente, a força isométrica máxima era somente 60% da que o sujeito tinha ao começar o exercício. Nesse caso, o tempo de esgotamento costumava oscilar entre 5 e 25 segundos.

A energia necessária para a contração muscular provém da hidrólise de fosfocreatina (PC) e ATP (adenosina trifosfato). Diferentes autores descobriram que, quando se realiza uma contração isométrica com intensidade de 90% a 95% até o esgotamento, a concentração muscular de PC diminui 30%. Esses resultados nos permitem pensar que o fator limitante desse tipo de exercício não está relacionado com o acúmulo de ácido lático, mas poderia relacionar-se com a depleção de reservas de PC e, muito provavelmente, com uma fadiga de origem neural (BADILLO & AYESTARÁN. 2004).

Com intensidade inferior a 20% não existe um aumento suficiente da pressão intramuscular capaz de obstruir a circulação dos vasos sanguíneos do músculo, pode ser executado até por hipertensos (SJOGAARD, 1988). Durante esse tipo de contração, a frequência cardíaca e a tensão arterial são similares aos valores de repouso (FONTANA, 1993).

Impomos uma carga equivalente a 140% de 1 RM por 10 segundos, no exercício de rosca bíceps, a um atleta de MMA profissional com intervalo de 30 segundos seguido por uma contração com seu próprio peso corporal em uma barra fixa, cotovelo flexionado, sustentação por 60 segundos. Esse treinamento sempre era feito ao final do treino específico da luta.

O descanso foi sempre mantido nos moldes da luta, 1 minuto. Após 2 semanas foi comprovado um ganho de força de 25% quando comparado ao teste de 1RM inicial.

TREINAMENTO CINÉTICO

Força muscular, termo frequentemente usado para descrever as funções musculares de um exercício ou tarefa motora determinada. Contudo, na maioria dos movimentos usados em uma luta, tal habilidade irá requerer quase sempre algum tipo de combinação entre força muscular e resistência muscular.

A resistência muscular para um lutador deve ser entendida como o número de vezes que ele consegue executar um movimento, como um chute, soco, cotovelada, projeção ou qualquer coisa que impeça sua derrota. O cansaço é um grande vilão para o praticante de luta, então saber dosar seu gasto energético faz parte do treinamento tanto quanto executar repetidas vezes certo movimento.

Não se deve apenas adicionar carga a um movimento pensando que isso fará milagre, cargas como pesos de mão não garantirão aumento na potência do soco ou o uso de caneleiras será o diferencial para a vitória. O giro do tronco e do quadril é que são os grandes responsáveis pelo aumento da potência em ambos os movimentos.

Muitos professores adicionam ao movimento de socar pilão, soco imitando uma marretada em um pneu, uma pequena maromba. Se analisarmos o movimento, veremos que o responsável pela extensão do cotovelo é o tríceps braquial e o peso adicional não está dificultando em nada o ato de socar, muito pelo contrário, está auxiliando o movimento, pois está a favor da ação da gravidade, e com isso atrapalhando o desenvolvimento da potência.

Se o objetivo é imitar um movimento comum na luta só que com dificuldade, deve-se sempre pensar na ação da gravidade em primeiro lugar e depois no movimento em si. Se pegarmos o mesmo movimento de socar pilão e colocarmos uma tensão elástica que impeça e/ou dificulte o movimento, com isso estimularemos sinergistas e agonistas que potencializarão o movimento. Reto abdominal, tríceps braquial, grande dorsal, serrátil anterior e partes do peitoral maior e do menor precisam estar fortes para que o movimento seja potente, mas não se deve apenas fortalecê-los individualmente. A cadeia cinética do movimento propriamente dito deve ser imitada com adição de dificuldade.

O treinamento de força dinâmica sempre implicará para o lutador, em um treino de força máxima, força hipertrófica, força básica, força de resistência e força explosiva. Na maioria dos casos analisados, todos os tipos de força estavam presentes na mesma sessão de treinamento, contudo a recuperação nunca era a recomendada ou pelo menos estudada seriamente por alguém do ramo.

O pesquisador Hakkinen, em 1993, estudou um grupo de halterofilistas de elite que realizavam uma só sessão de treinamento de força máxima com intensidade muito alta. Os atletas executavam 20 séries de uma repetição a 100% de 1RM, com intervalo de 3 minutos de descanso. A pesquisa demonstrou que, após 48 horas de descanso, os níveis de testosterona sanguínea total e livre ainda não haviam sido recuperados, esse resultado sugere que o treinamento de força máxima não deve ser executado no prazo de 3 dias que antecedem a competição.

Segundo os estudos do mesmo autor, outros pesquisadores como FRY (1993) também comprovaram que o componente de força que demora mais para recuperar-se depois de realizar uma ou várias sessões de treinamento de força máxima é o componente de força explosiva. Um exemplo é a redução da amplitude do salto vertical, após uma sessão do treinamento.

FAZENDO USO DA PESQUISA

Capítulo 10

Escolhemos o exercício de supino reto e utilizamos cargas que variavam de 70% a 75% da carga máxima previamente testada, a glicemia inicial estava em 102mg/dl. O atleta executou 10 repetições com 1 minuto de intervalo, observamos que os níveis de glicose não variaram, adicionamos 10 repetições de exercício de perna, *leg press* horizontal, também com a mesma intensidade e seguindo os mesmos padrões do movimento de supino e não houve alteração na glicemia sanguínea. A frequência cardíaca e a pressão arterial foram aferidas somente no início e no final de treinamento.

Para sabermos como executar um teste fidedigno, primeiro precisamos saber o que é teste e como fazê-lo de forma a controlar suas variáveis.

TESTE

É um instrumento de medida que é utilizado para obter informações sobre um dado específico ou características sobre um grupo ou indivíduo. (FERNANDES FILHO, 1999, p. 157)

TESTE DE 1RM [RESISTÊNCIA MUSCULAR]

Teste utilizado para determinar o peso máximo que o avaliado consegue deslocar em um único movimento completo e, a partir desse dado, determinar o peso a ser utilizado naquele exercício, levando-se em conta o percentual desejado. Por meio de testes periódicos é possível observar a evolução da força muscular (BITTENCOURT, 1986).

Voltando ao teste, impomos ao atleta executar os exercícios sem intervalo e com alternância de movimento (saindo de uma máquina para outra imediatamente), após 3 séries de cada com 1 minuto de intervalo ele apresentou fadiga, quando mensuramos a glicemia, foi observada uma queda de **13,7%**. A menor glicemia medida foi de **88mg/dl** no intervalo da terceira para a quarta e última sessão de treinamento (vide tabela abaixo).

Toda sessão de treinamento durou apenas 7,5 minutos, somados os 3 minutos de descanso, após 1 minuto de intervalo repetimos novamente a glicose sanguínea e o resultado foi o mesmo.

Ao final do quarto e último treino é que notamos que a carga já era maior que a inicial, devido ao cansaço, e quando medimos a glicemia o resultado impressionou o atleta, pois sua glicemia estava normalizada em 100mg/dl. Isso demonstra que o organismo tenta a todo custo manter-se saudável e em homeostase (equilíbrio).

Atleta profissional de 24 anos

	Frequência cardíaca FC	Pressão arterial PA	Glicemia sanguínea
Início	74 Bpm	110/70 Mm/mg	102 Mg/dl
Final	148 Bpm	150/90 Mm/mg	100 Mg/dl

Os autores BADILLO & AYESTARÁN citaram em seu livro que SEALS, 1984 e HURLEY, 1984, estudaram a evolução da frequência cardíaca e do consumo de oxigênio durante esse tipo de sessão de treinamento, de força máxima para hipertrofia. Os resultados dos estudos indicaram que a intensidade média desse tipo de treinamento se situa entre 50% do consumo máximo de oxigênio obtido durante a corrida a pé (SEALS, 1984). A frequência cardíaca costuma ser bem mais elevada do que a obtida correndo nesta mesma intensidade de 50% do Vo_2 máx. (HURLEY, 1984).

Os estudos na verdade nos fazem pensar que podemos impor ao atleta um trabalho extenuante sem sairmos da sala de treinamento e a frequência cardíaca durante esse tipo de treino é de grande importância para controlar a intensidade do treinamento, pois pode ser usada para determinar a intensidade relativa de treinamento e para tentar detectar rapidamente o supertreinamento.

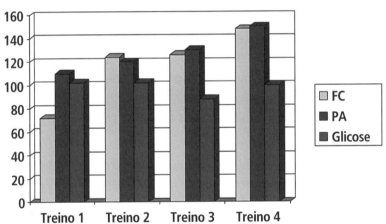

Gráfico de evolução do treinamento descrito

Séries de treinamento como as descritas anteriormente foram feitas por um grupo de 10 lutadores profissionais de MMA (Mixed Martial Arts) durante 3 semanas com intervalo de 2 dias entre os treinos. Foi observada uma diminuição da frequência cardíaca e da pressão arterial considerável em relação aos níveis anteriores.

Sessões mais curtas de intervalo, como 30 segundos, por exemplo, aumentarão em muito os índices de consumo de oxigênio e das concentrações de ácido lático.

DESENVOLVIMENTO DA RESISTÊNCIA
MUSCULAR LOCALIZADA

Todo praticante de luta marcial precisa de resistência muscular localizada, é de conhecimento público que aquele que está mais preparado fisicamente possui maiores chances de vitória. Essa resistência localizada é a capacidade do músculo de trabalhar repetidamente, podendo ser sob estresse ou não, por um período longo de tempo.

O aumento na resistência muscular é demonstrado pela capacidade de aumentar o período de tempo de execução antes que ocorra a fadiga muscular, ou seja, executar mais repetições de um mesmo movimento.

Devemos salientar que, assim como a força, a resistência muscular é específica ao músculo ou músculos envolvidos em um determinado movimento. O resultado da execução regular de um alto número de repetições do movimento de flexão do ombro, por exemplo, o músculo deltoide porção anterior, aumentará a resistência da guarda durante uma luta de Boxe Inglês ou de Muay Tai, mas este treinamento não irá melhorar a potência do soco.

Muitos pesquisadores relataram que o treinamento de força aparentemente provoca o aumento da resistência muscular localizada de duas maneiras:

➡ Aumentando as qualidades anaeróbicas no músculo;
➡ Reduzindo o número de fibras musculares envolvidas durante os períodos iniciais de uma atividade, deixando assim algumas de reserva para uma possível continuação da atividade.

A redução do número de fibras envolvidas está relacionada aos aumentos na força muscular que permitem que uma tarefa seja realizada com um menor percentual de esforço (BAECHLE & GROVES, 2000).

Você, leitor, pode fazer um teste simples de carga. Escolha um exercício, vou citar o movimento de flexão do cotovelo ou como é denominado: **rosca bíceps**. Se você conseguir executar uma única vez a rosca bíceps com 36kg, por exemplo, esse valor corresponderá a sua força máxima, 1RM. Basta multiplicar esse valor por 0,5 e executar o mesmo movimento, agora com 50% de 1RM, o máximo de vezes que você conseguir. Esse tipo de treinamento se justifica quando o atleta está na fase de ajuste de peso corporal ou *endurance*.

Esse teste serve para qualquer movimento e pode ser calculado com qualquer percentual da carga testada. Pode ser com 40%, 45%, 60%. Fica a critério do treinador.

TREINAMENTO FUNCIONAL

Capítulo 11

A teoria de agachar, pular, empurrar e puxar usada com o intuito de melhorar algo que já se faça de forma consciente (Desconhecido, 2005). Na verdade, é qualquer conjunto de movimentos que imitem a atividade requerida que visem à melhoria de uma ou mais valências físicas.

Quando prescrevemos um exercício a um determinado atleta, devemos incentivá-lo a treinar pensando no movimento e não no músculo. Pois, funcional vai passar a ser a habilidade para realizar o movimento com eficiência e autonomia.

Adicionar ao movimento sobrecarga, sem alterar o movimento em si, por isso conhecer o básico da luta é obrigação do treinador. Mudamos tudo ao imitar o gestual mecânico da luta, usando a dificuldade como sua aliada, toda vez que adicionamos carga a um movimento.

Segundo WEINECK (2001, p. 177):

> É importante notar que somente um procedimento de treinamento não resulta num aumento constante da capacidade de desempenho, mas é necessária a associação de diversos métodos e programas de treinamento. Somente pela troca constante de métodos e programas é que se pode manter a homeostase e as adaptações resultantes de um treinamento, que são um requisito básico para a melhora adicional do desempenho.

O exercício, para ser funcional com sobrecarga, precisa englobar o gesto a ser melhorado com dificuldade adicional, só que sem impedir que o movimento seja executado corretamente.

Quebrar a todo momento a homeostase intercalando exercícios de força, como extensão de cotovelo no *crossover* com fazer sombra ou socar o saco de pancadas com desenvolvimento pela frente com halter, são exemplos de exercícios usados por vários treinadores que se encaixam perfeitamente em um treinamento funcional para lutadores de trocação.

Uma boa opção é inserir entre uma série de força máxima outros tipos de exercícios de força com variações na carga e nas repetições e impor ao atleta, a todo momento, desvantagem. Manter a recuperação nos moldes da competição e a sessão do treinamento não deve exceder o tempo de luta, treinar como se fosse competição, mas com devidos cuidados para se evitar lesões.

Muito se fala sobre ser funcional ou não tal exercício, ao analisarmos um movimento muito utilizado por praticantes de luta, levantar um pneu grande de trator e empurrá-lo ao solo novamente, como se faz atualmente em muitos treinamentos. Esse movimento é utilizado nas provas do homem mais forte do mundo ou arremessar um barril de aço inoxidável vazio o mais alto possível, competição essa que ocorre muitas vezes no Havaí.

Até o momento nenhum dos dois movimentos foi visto em uma luta de MMA, então esses movimentos, apesar de fortalecer a musculatura responsável pelo movimento não seriam considerados funcionais para um lutador. Mas, nada impede que eles sejam executados ou que eles possam de alguma forma intervir no resultado final da luta.

O mais funcional para um lutador é ele treinar a luta propriamente dita só que em desvantagem e uma forma de ser mais funcional é não treinar um movimento isolado, por isso os movimentos integrados são mais funcionais para o lutador.

Os chutes devem ser variados em altura e potência, os socos não devem ser mantidos em um padrão exclusivo de movimento como cruzados, diretos e *upers*. A variação traz benefícios.

Antes de o movimento ser intensificado, ele precisa ser aprendido, por isso é imprudente gerar desvantagem em um novo exercício. Funcionalidade é o resultado de qualquer exercício que melhore ou afete positivamente a estrutura de um ser humano. Ou seja, funcional é melhorar a tolerância para qualquer atividade que está dentro das valências físicas de um indivíduo.

Em uma sala de musculação qual exercício não será funcional? O não funcional será aquele que for feito por um músculo que não participe do movimento que se queira potencializar. Ex.: executar rosca bíceps pensando em aumentar a força no soco direto ou correr na esteira esperando melhorias na potência do chute na linha da cintura.

O treinador ou preparador físico para esportes de combate deve conhecer a mecânica do movimento, saber reconhecer os músculos agonistas, os sinergistas, os antagonistas e os estabilizadores do movimento que ele quer melhorar. Partindo daí, pode ser feito um trabalho voltado para coordenação motora, potência, explosão, velocidade, flexibilidade e força.

O treino pode ser específico ou não, mas sempre deve ser funcional. Por isso, para se progredir em uma área, é possível que se precise regredir temporariamente em outras, muitas vezes basta reduzir em um primeiro momento a amplitude do movimento que o ganho em estabilidade ou em força irá garantir o bom desempenho no mesmo movimento. Até a ordem de escolha dos músculos a serem treinados é importante, deve-se sempre começar com os músculos maiores ou os mais profundos antes dos menores ou os mais superficiais.

AQUECIMENTO FUNCIONAL

Aumentar a temperatura corporal fará com que a hemoglobina libere mais oxigênio para os músculos, mas é errado achar que o aquecimento local dos tecidos irá proporcionar bom desempenho.

O ponto-chave para se ter em mente é que a fase final do aquecimento deve se aproximar ao máximo da atividade que estamos preparando para nosso atleta realizar, levando em consideração a velocidade, amplitude e a carga.

O aquecimento progressivo e nos moldes da atividade a ser executada fará com que os músculos recebam um fluxo sanguíneo gradual e o aumento da temperatura garante que a hemoglobina libere mais oxigênio. Esse processo fisiológico citado por CAMPOS & NETO (2008) não só melhora a *performance* cardiovascular diminuindo o estresse para o coração, como também melhora todas as qualidades dos movimentos.

Vale a pena mesmo aquecer minutos antes da luta? A resposta é sim. Campos e Neto explicam que o aquecimento previne o aparecimento prematuro de acúmulo de ácido lático e consequentemente fadiga.

Esse processo é evidente, pois quando o fluxo sanguíneo aumenta progressivamente devido ao aumento gradual do esforço cardiovascular e da elevação da temperatura dos músculos, isso ocasiona vasodilatação.

A maior disponibilidade sanguínea torna o músculo mais oxigenado, mais nutrido e garante a remoção de resíduos metabólicos.

Segundo CAMPOS & NETO, a fadiga diminui a capacidade de propriocepção e o consequente controle neuromuscular. Eles ainda relatam que embora não possa ser completamente comprovado, o maior benefício do aquecimento do ponto de vista neurológico é a prevenção da fadiga precoce.

Um aquecimento será sempre funcional se for feito da mesma forma que iremos executar o exercício, só que sem adição de carga e com velocidade reduzida. Ele não deve ser fatigante, e sim um aviso ao músculo de que ele será ativado.

Estimule as qualidades físicas do seu atleta, no aquecimento, que serão utilizadas no treinamento. Preferencialmente, nesta ordem:

➠ **Flexibilidade:** Habilidade para mover uma articulação por meio de uma amplitude de movimento normal sem estresse para a unidade (ARRUDA & NETO, 2008). Um ganho em flexibilidade garante a eficiência dos exercícios do treinamento funcional e da destreza, essenciais ao lutador. A flexibilidade está diretamente relacionada à mobilidade articular e à elasticidade do músculo.

➠ **Mobilidade Articular:** Característica de uma articulação em se mover, que depende diretamente da estrutura morfológica que a compõe e/ou a reveste: ossos, cápsula articular, tendões, ligamentos, músculos, gordura e pele.

➠ **Plasticidade:** Segundo DANTAS (2001), é a capacidade dos elementos articulares de se distenderem e não retornarem à sua medida inicial. Em parte, no caso dos componentes articulares, a deformação é apenas temporária, porém, uma pequena parte das deformações plásticas ocorridas como resultado do treinamento de flexibilidade de alta intensidade serão irreversíveis.

➠ **Elasticidade Muscular:** É a capacidade de um músculo em distender-se e retornar ao seu comprimento inicial, após uma contração.

➠ **Força Muscular:** Para GUEDES (1997), força é a capacidade de exercer tensão muscular contra uma resistência, superando, sustentando ou cedendo a ela.

O treinamento funcional, se for bem-sucedido, terá como efeito direto:

➠ **Efeito antropométrico e neuromuscular:** Controle do peso corporal com redução da massa gorda, hipertrofia, aumento na força, aumento na densidade óssea, fortalecimento do tecido conjuntivo e incremento na flexibilidade.

➡ **Efeito metabólico:** Aumento no volume sistólico, diminuição da frequência cardíaca em repouso e no trabalho submáximo, aumento da potência aeróbica, aumento na ventilação pulmonar, diminuição de pressão arterial e melhora da sensibilidade à insulina.

DESCANSO FUNCIONAL

O descanso devido varia de acordo com o tipo de treinamento executado e das condições físicas de cada atleta, mas em linhas gerais a tabela do capítulo 8, na página 59, nos dá base para sua prescrição correta.

Muitos atletas durante o treinamento tentam manter o descanso nos moldes dos eventos de MMA, mas as investigações científicas até o momento não garantem a eficiência deste.

O que deve ser de conhecimento técnico é que o resfriamento evita a hipotensão momentânea, garantindo o retorno venoso e com isso evitando desmaios e tonteiras.

PROPRIOCEPÇÃO x FUNCIONALIDADE

Muitos exercícios são prescritos na intenção de serem funcionais e na verdade são proprioceptivos. Isso não quer dizer que não haja funcionalidade, só que muitos treinadores nunca haviam sequer ouvido falar em exercícios de propriocepção quando perguntados sobre o assunto.

Plataformas instáveis, Bosu ou Body Dome, Bolas Suíças, giro-plano ou disco de equilíbrio, etc. Tudo acaba sendo usado de forma correta, mas muitas vezes por treinadores equivocados. Propriocepção é o termo utilizado para descrever os complexos processos neurossensoriais e neuromusculares dentro dos sistemas fisiológicos do organismo (ARRUDA & NETO, 2008). O ganho gerado pela desvantagem causada pelos implementos é proprioceptivo e será funcional se o objetivo for esclarecido desde o início do movimento.

Imaginemos um treinamento voltado para a potência muscular em que o atleta é colocado em uma plataforma onde a velocidade é comprometida pela instabilidade na hora de se executar o movimento. O treino será proprioceptivo, mas nunca estará perto de ser funcional para o objetivo proposto.

Partindo da ideia de que tudo é funcional, a propriocepção sempre será um mecanismo funcional, mas o inverso não.

A propriocepção é um componente primordial da estabilidade e da homeostase articular, pois ajuda no equilíbrio dinâmico interno das articulações quando essas sofrem ação de forças externas, esse mecanismo independe da vontade.

Um atleta de Kung Fu executa movimentos precisos que dependem de um conjunto muito grande de fatores, entre os quais estão incluídos fatores mecânicos que podem ou não ser limitantes pela genética, mas ao longo de anos de treinamento proprioceptivos e de controle neuromuscular os movimentos que nos impressionam parecem fáceis e não causam lesão alguma ao atleta.

Exercícios proprioceptivos são amplamente usados por médicos e fisioterapeutas para prevenir lesões, tratar e reabilitar articulações lesionadas e no tratamento pós-cirúrgico. Os treinadores deveriam fazer uso da propriocepção para aumentar a consciência corporal de seus atletas e com isso evitar ou minimizar as lesões.

Uma técnica de recuperação ou de tratamento muito utilizada nos Estados Unidos da América é o **Protocolo de Price**:

➠ **P = Protection (proteção):** A área lesada deve ser protegida contra lesões adicionais pelo uso de órteses ou outros dispositivos para imobilização.

➠ **R = Rest (restrição de atividade):** Uma estrutura lesada sem repouso e submetida a movimentos e sobrecargas desnecessárias terá seu processo de recuperação atrasado. A ideia é proteger os tecidos moles afetados de uma lesão adicional e permitir que o corpo se recomponha de forma mais eficiente. O tempo de repouso necessário varia de acordo com a gravidade da lesão, mas a maioria das lesões menores necessita de um repouso de 24 a 48 horas, aproximadamente.

➠ **I = Ice (gelo):** Os mecanismos de ação do gelo após lesão musculo-esquelética ainda são um assunto controverso, mas, de forma geral, podemos assumir que o gelo é capaz de diminuir a dor local por reduzir a condução nervosa; além disso, o resfriamento reduz o metabolismo local minimizando o grau de lesão celular secundária, influenciando assim a magnitude da resposta inflamatória. Esta resposta metabólica também está associada à redução do edema e dos espasmos musculares.

➠ **C = Compression (compressão):** A aplicação de faixas elásticas auxilia na drenagem do edema. O propósito da compressão é reduzir a quantidade de espaço disponível para o edema, limitando assim o inchaço.

➠ **E = Elevation (elevação):** A elevação de um segmento facilita a drenagem venosa do membro. Em outras palavras, elevar o membro afetado reduz o edema. O efeito fisiológico e mecânico da elevação faz com que ocorra uma redução na pressão hidrostática capilar e também uma redução na pressão de filtração capilar.

Muitos treinadores fazem uso deste protocolo com tanta frequência que seus atletas, mesmo estando longe da equipe, já sabem o que fazer em caso de lesão, com isso a recuperação é sempre mais rápida.

SER FORTE OU SER MUSCULOSO, EIS A QUESTÃO

Muitos lutadores apresentam um padrão estético questionável. Apresentam percentual de gordura elevado e abdômen protuso, totalmente contrário ao que se pensa sobre *performance* de alto rendimento em luta. Contudo, não podemos indicar um campeão sem antes o árbitro levantar o braço do vencedor.

Muitos lutadores superpesados são grandes na forma mais literal da palavra e nem por isso deixam de apresentar um bom rendimento durante um evento de luta. Podemos presenciar atletas gordinhos com *performance* muito acima do esperado, pois, apesar de não serem muito musculosos, são extremamente fortes e com resistência suficiente para mais um ou dois *rounds*.

Praticar musculação tornou-se obrigatório em qualquer modalidade de luta, mas há quem diga não ao trabalho com pesos e se dedique exclusivamente ao treinamento com elásticos, dizendo que só prescreve aos seus atletas exercícios funcionais. Quero informar que esse pensamento é errôneo, pois toda sobrecarga, sendo ela com peso, tensão elástica ou de molas é **Musculação**, e não existe nada mais funcional para treinamento de força que a musculação.

Um dos grandes atletas, se não o maior treinado por mim, Franklin Magalhães, é o grande campeão Paulo Filho ou mundialmente conhecido como Paulão. Paulão é um misto de fisiculturista com velocista, seu desempenho de força e velocidade está muito acima da média dos grandes atletas mundiais, com *performance* invejável Paulo Filho é um talento inato que foi descoberto pelo grande mestre e saudoso Carlson Gracie.

A hipertrofia conseguida por ele pode ser dividida em aguda e crônica, subdividindo-se ainda em sarcoplasmática e actomiosínica.

O esquema abaixo retrata de forma simples as subdivisões da hipertrofia:

Hipertrofia { **Aguda** { **Sarcoplasmática**
Crônica { **Actomiosínica** / **Sarcoplasmática**

A hipertrofia aguda ocorre imediatamente após o exercício e tem pequena duração; consiste no edemaciamento do músculo por um acúmulo de catabólicos e executados da contração muscular.

A hipertrofia crônica surge em função da continuidade do treinamento, devido à anabolização de proteínas contráteis ou aumento das organelas da fibra muscular como as mitocôndrias e os ribossomos (VIANNA, 2000). Podemos ainda destacar a hipertrofia actomiosínica como sendo o anabolismo sofrido pelas proteínas contráteis actina e miosina, presente somente na fase crônica da hipertrofia.

Veja que a hipertrofia sarcoplasmática, que é o aumento das substâncias existentes dentro do sarcoplasma como as organelas, glicogênio, triglicéries, etc., ocorre nas duas fases da hipertrofia, tanto a aguda quanto a crônica.

O mais difícil em um treinamento é dosar o quanto em hipertrofia é desejável. Para se ganhar massa muscular, além de muito treinamento, o indivíduo deve ter uma ingesta calórica superior ao gasto calórico basal em aproximadamente 700kcal a 1.000kcal ao dia por um período.

Essas calorias devem ter alto valor biológico, para que ocorra a síntese proteica, minimizando o aumento dos adipócitos. Pois uma dieta com esse valor calórico diário, se for feita com muitas calorias vazias, sem valor biológico, consequentemente irá aumentar o peso gordo do atleta.

Para que se torne visível as adaptações morfológicas e funcionais desejadas, é necessário que o organismo seja submetido com regularidade à sobrecarga bem dosada e progressiva. Os lutadores de Kung Fu, por exemplo, só não conseguem ganhos significativos em hipertrofia porque a sobrecarga executada por eles é em sua maioria sem muita progressão e mal dosada, contudo essa é uma característica do esporte e o lutador que treinar de forma diferente da usual não terá bom desempenho na luta.

A *performance* atlética e acrobática dos lutadores de Kung Fu não se encaixa em um corpo muito volumoso e hipertrofiado. O peso elevado do corpo poderia ser um problema a mais nos saltos e impactos.

Quando se fala em lutadores hipertrofiados MMA, as pessoas pensam na mesma hora nos lutadores pesados de Wrestling americanos. Aqui no Brasil a Luta Livre sempre nos apresentou atletas muito fortes, só que em nosso País não existe incentivo nem projeção para lutadores.

Se o lutador a seguir, Paulo Filho ou Paulão como é conhecido, fosse jogador de futebol ele seria mais conhecido? Certamente sim, mas não seria tão hipertrofiado.

Grande Campeão Paulo Filho.

O treinamento do Paulão, desde dezembro de 2010, baseia-se em: treino de força em uma sala de musculação, treino de força com elástico + Boxe e treino de força isométrica + Jiu-jítsu. Em todos os treinos sua maior qualidade é sempre explorada, a força. Não importa em que fase do ciclo de treinamento o atleta se encontra, nunca deixamos de treinar sua melhor qualidade, mesmo que, para muitos, isso pareça um erro.

Muitos atletas do passado eram proibidos por seus professores de praticar musculação com o intuito de evitar a queda da *performance* técnica. Com a evolução dos eventos de luta, os treinamentos de todas as modalidades esportivas de luta tiveram que se adequar a essa nova realidade: ser forte e conseguir manter-se na luta ou correr sempre o risco de estar em desvantagem física.

Lutadores de Kung Fu praticam trabalho de força constantemente e o fato de eles não estarem dentro de uma academia se exercitando em aparelhos de musculação não quer dizer que não estejam fazendo o mesmo trabalho. Observem o movimento de levantar de uma cadeira ou abaixar-se e levantar-se seguidas vezes é compatível com o exercício de agachamento ou de um *leg press*. Neste caso, a carga é na verdade o limitante de hipertrofia.

Sou lutador de Jiu-jítsu, faça uma série para eu ficar mais forte na luta, professor? Ouvi essa pergunta por mais de 10 anos e todas as vezes eu respondi, não se preocupe que essa série milagrosa que você quer é a mesma que você já executa, só vamos mudar a forma como ela é feita. Vejam que apenas um ajuste na carga, na velocidade de execução ou na dinâmica do movimento fará uma grande diferença.

Observe o seguinte caso:

Atleta amador de Jiu-jítsu: A

Série A (terças e quintas)			
Musculatura	**Exercício**	**Séries**	**Repetição**
Peito + Ombro + Bíceps	Supino com halteres + Crucifixo com halteres	3	8/8
	Crossover horizontal + normal	3	6/8
	150 abdominais com carga		
	Desenvolvimento Arnold	3	8
	Remada alta *cross* deitado + Elevação frontal	2/2	8/8
	Tríceps *cross* Mão supinada + pronada	3/3	8/8
	Tríceps corda	3	8

Série A (terças e quintas)			
Musculatura	**Exercício**	**Séries**	**Repetição**
Costa + Perna + Bíceps	Puxada romana ou neutra	3	Máx.
	Pullover quebrado	3	4/6/8
	Barra fixa fechada	3	8
	Cadeira extensora isométrica	3	15 segundos
	Dorso flexão + flexão plantar	3	20/20
	Rosca bíceps no *cross* direta/inversa	3	8/8
	Rosca bíceps **w** fechada	2/2	8/8
100 abdominais para oblíquos			

Atleta amador de Jiu-jítsu: B

Série A (terças e quintas)			
Musculatura	**Exercício**	**Séries**	**Repetição**
Peito + Costa + Perna	Supino reto	3	8
	Puxada articulada	3	8
	Voador	3	8
	Remada supinada + pronada	3	6/6
	Flexão plantar	3	15
	Dorso flexão	3	15
Bíceps + Coxa + Tríceps	Rosca bíceps direta	3	8
	Tríceps *cross* em pronação	3	6/8
	Rosca b. Romana	3	8
	Cadeira extensora	4	8/8
	Tríceps testa **w**	3	8
	Abdominal	3	100
100 abdominais para oblíquos			

Mesmo que não estejamos totalmente familiarizados com a nomenclatura, somos capazes de saber qual dos dois atletas possui um grau mais avançado de treinamento? O correto seria NÃO. Na verdade, são duas séries do mesmo atleta, Bernardo Camisão, de 25 anos, seu desempenho sempre foi muito bom e quando estávamos perto de uma competição reduzíamos o tempo de recuperação e se preciso fosse ajustávamos a carga também.

O importante não é o que se faz e sim como se faz e quando! A força acaba sendo treinada todo o dia, mesmo os treinos mais aeróbicos possuem sua carga de força explosiva, não seria viável colocar um atleta de Kick Boxe para treinar como um maratonista, mesmo suas pernas precisando resistir por vários minutos durante uma luta. Onde está a funcionalidade do treino?

BOMPA & CORNACCHIA (2000, p. 19) afirmaram que:

> *Vários sistemas do corpo adaptam-se ao treinamento de força de modo diferente. Músculos crescem, ossos ficam mais fortes ou fracos, dependendo da carga, o sistema nervoso central torna-se mais eficiente para recrutar a ação muscular e a performance motora faz-se mais coordenada e mais refinada.*

As pesquisas comprovaram que as primeiras reações de adaptação ao treinamento de força dinâmica são decorrentes de uma maior eficiência do fator neural, observando-se uma significativa melhora na coordenação motora.

As consequências podem ter relação direta com: 1) aumento na ativação dos músculos agonistas; 2) melhora na coordenação intramuscular; e 3) melhora na coordenação intermuscular (BADILLO & AYESTARÁN, 2001, p. 83).

A hipertrofia muscular costuma vir acompanhada de um aumento proporcional do tecido conjuntivo, ao contrário do que se pensava, os processos de adaptação do tecido conjuntivo parecem ser mais rápidos que os do tecido contrátil (GOLDSPINK, 1992).

Número de repetições apropriadas para cada fase do treinamento

Treinamento	Objetivo do treinamento	Repetições
Força dinâmica máxima	Aumento da força muscular	1
Força dinâmica máxima relativa	Aumento do volume muscular Hipertrofia	6-12
Força de resistência	Definição muscular	40%-50% a mais

Fonte: Fundamentos do Treinamento de Força (BADILLO & AYESTARÁN, 2001).

Pode-se ainda destacar a hipertrofia actomiosínica como sendo o anabolismo sofrido pelas proteínas contráteis actina e miosina, presente somente na fase crônica da hipertrofia. Entretanto, a hipertrofia sarcoplasmática é o aumento das substâncias existentes dentro do sarcoplasma como as organelas, glicogênio, triglicéries, etc. que ocorre nas duas fases da hipertrofia (*ibid.*).

FLECK (1999) cita GOLDSPINK (1992), ao afirmar que as proteínas contráteis e o fluido sarcoplasmático, nas fibras musculares, estão em constante mudança e se renovam totalmente em um período de 7 a 15 dias. O treinamento de força parece ser capaz de determinar a qualidade e a quantidade destas novas proteínas. A qualidade das proteínas refere-se ao tipo de proteínas encontradas no mecanismo contrátil.

KRAEMER *et al.* (1995) afirmam que nem todas as fibras atingem o mesmo grau de crescimento e que o total de crescimento vai depender do tipo de fibra e do padrão de recrutamento exigido. As cargas devem ser mantidas acima de 80% da força máxima dinâmica, para mobilização igual de todos os tipos de fibras musculares, tipo I e tipo II (SALE, 1988; DUCHATEAU, 1993).

A hipertrofia costuma atingir preferencialmente as fibras tipo II, embora as fibras tipo I costumam aumentar de tamanho em menor proporção e quando o treinamento de força supera as 12 a 16 semanas (HAKKINEN, 1981; THORSTENSON, 1976; citados por BADILLO & AYESTARÁN, 2001).

O treinamento, com séries mais longas (ex.: 8 a 10 séries com 8 ou 10 repetições por grupo muscular), é o mais indicado para a hipertrofia das fibras tipo I (HAKKINEN, 1981).

Em janeiro de 2005 resolvi apresentar um estudo como intenção de mestrado na UFF – Universidade Federal Fluminense. Selecionei 16 praticantes de jiu-jítsu, treinados por mim, para um estudo que na verdade não saiu do papel, mas serviu de pano de fundo para este livro. Após analisar suas séries de musculação, observei que o treinamento prescrito nas séries não demonstrava uma ordem muito lógica a ser seguida.

Perguntei aos professores responsáveis e me foi dito que esses alunos mexiam diariamente em seus treinamentos e por falta de conhecimento não sabiam a importância do treinamento de força máxima em relação ao treinamento de força de resistência. Será mesmo que existe essa relação? O que deve vir em primeiro lugar?

Os 16 atletas eram de segmentos sociais e pesos diferentes com idades de 18 aos 23 anos, e que poderiam escolher com qual rotina de treinamento eles mesmos iriam começar e terminar a série de exercícios. Só com uma condição: **todos deveriam após a série de musculação praticar jiu-jítsu imediatamente**.

No primeiro dia de treino, aqueles que começaram com a série com força máxima deveriam terminar a sessão de 120 minutos com o treinamento de força de resistência e vice-versa. Quando perguntado o porquê desta atitude, a resposta foi unânime:

"Sempre deixo para o final aquilo que tenho maior dificuldade ou não gosto de fazer, então prefiro começar pelo mais difícil e tentar com isso garantir um bom desempenho na luta…"

Após 4 semanas não foi observado nada que justificasse uma ordem correta, os dois grupos conseguiram um grau significativo em hipertrofia, ganharam força e desempenho atlético. Mas o importante mesmo foi saber que praticantes amadores de luta se preocupam com o desempenho tanto quanto os profissionais e tentam a todo custo vencer.

Em resumo, alguns estudos citados por (BADILLO & AYESTARÁN, 2001) que explicam:

> *O trabalho simultâneo de força e resistência pode melhorar conjuntamente o consumo máximo de oxigênio e a força, mas os músculos implicados no trabalho de resistência melhoram menos a força do que se a resistência não fosse treinada.*

> *A força pode ser mantida ao mesmo tempo em que se melhora o consumo de oxigênio.*

> *Um treinamento de força do tipo explosivo permite melhorar a força explosiva de especialistas em resistência sem prejuízo de suas capacidades aeróbicas.*

> *Treinando a força em dias diferentes do de resistência, a melhora em força será maior.*

> *Periodizar o treinamento até o momento parece ser o mais indicado.*

Ao montar um ciclo de treinamento, devemos saber a hora de estimular as valências físicas desejadas, pois a estimulação contínua de uma única qualidade física poderá ocasionar um desequilíbrio funcional na hora da luta.

A melhora no desempenho é o resultado direto da quantidade e da qualidade do trabalho que o atleta realiza no treinamento (BOMPA, 2002).

MÚSCULOS QUE QUANDO TREINADOS MELHORAM O DESEMPENHO DO MOVIMENTO

13

Capítulo 13

Se você sabe onde um músculo se insere e o movimento pelo qual ele responde no corpo fica mais fácil determinar e até mesmo alterar um movimento para solicitar a participação de novos músculos. No primeiro capítulo, o leitor pôde acompanhar duas figuras do sistema muscular humano e comparar as imagens com as informações dos quadros deste capítulo.

Os movimentos de chutes, socos, esquivas, saltos, torções e projeções podem ser potencializados quando os músculos agonistas e seus respectivos sinergistas atuam de forma harmônica.

Para uma melhor visão e compreensão de um treinamento voltado para o ganho de força, é necessário um conhecimento prévio das estruturas responsáveis pela execução de um movimento e suas correspondentes articulações. O objetivo é fornecer ao leitor conhecimento para que ele possa criar seus próprios exercícios e minimizar os riscos.

Nos quadros que se seguem, serão evidenciados os principais músculos com detalhamento de suas posições e ações mecânicas no corpo. Os treinadores de atletas de combate podem fazer uso do quadro na hora de prescrever, criar ou alterar um treinamento apenas com o conhecimento anatomofuncional de um músculo.

O QUADRIL

Quem nunca se surpreendeu com um *knockout* causado por um chute ou uma joelhada? Esses dois movimentos estão diretamente relacionados com o treinamento, mas se a articulação principal envolvida no movimento não estiver saudável e fortalecida, na maioria das vezes o movimento se torna ineficiente e até mesmo lesivo ao executante.

A articulação coxofemoral ou articulação do quadril é a articulação proximal do membro inferior, possui três eixos e três graus de liberdade. Os movimentos do quadril, para serem analisados, dependem da compreensão dos eixos e planos de uma análise biomecânica:

➠ **Eixo transversal:** Situado num plano frontal, em volta do qual se efetuam os movimentos de flexão-extensão;

➠ **Eixo anteroposterior:** Situado num plano sagital que passa pelo centro da articulação, em volta do qual se efetuam os movimentos de abdução-adução;

➠ **Eixo vertical:** Permite os movimentos de rotação interna e externa. Existe também o movimento de circundução.

A cabeça do fêmur articula-se com o acetábulo do osso ilíaco. A articulação do quadril é uma diartrose (sinovial), do tipo esferoide (esferoidal).

Uma estrutura que reforça e estabiliza a articulação é a cápsula articular, que é inserida acima da margem do acetábulo anteriormente, na linha intertrocantérica e, posteriormente, na crista intertrocantérica.

O quadril é a maior articulação de ajuste esférico do corpo humano. A cabeça do fêmur, extremidade do osso mais longo do corpo, se encaixa no acetábulo do osso pélvico.

É sem dúvida uma articulação de grande porte, adaptada para suportar o peso do corpo, distribuir os esforços e permitir os movimentos de flexão, extensão e rotações dos membros inferiores.

A cabeça femoral recebe suprimento de sangue, principalmente pelas artérias circunflexas em torno da base do colo femoral. Lesões nessas artérias, por traumas ou doenças degenerativas, podem levar à necrose avascular.

As extremidades ósseas são recobertas por cartilagens hialinas, tecido branco com aproximadamente 2mm de espessura, polido e muito resistente, que foram projetadas para permitir o deslizamento sem atrito e sem dor dos ossos ajustados. Essas estruturas podem sofrer danos quando sofrem choques traumáticos.

A cápsula articular, de qualquer articulação, é uma estrutura fibrosa firme e reforçada, revestida internamente pela membrana sinovial, um tecido que produz o líquido que lubrifica e contribui para o baixo desgaste das estruturas articulares.

O quadril para o lutador deveria ser uma articulação que apresentasse todos os movimentos fisiológicos sem restrição – o leitor irá familiarizar-se com os movimentos a seguir:

➡ **Flexão:** Movimento que leva a face anterior da coxa ao encontro do tronco, de modo que a coxa e o conjunto do membro inferior são levados para diante do plano frontal que passa pela articulação. A amplitude da flexão varia de 90° a 120°.

➡ **Extensão:** Faz com que o membro inferior seja levado para trás do plano frontal. A amplitude da extensão do quadril é notavelmente mais fraca que a da flexão. Ela é limitada pela entrada em tensão do ligamento iliofemoral, que ocorre entre 20° e 30°.

- **Abdução**: Leva o membro inferior diretamente para fora e afasta-o do plano de simetria do corpo.

- **Adução**: Movimenta o membro inferior para dentro e aproxima-o do plano de simetria do corpo.

- **Rotação externa**: É o movimento que leva a ponta do pé para fora.

- **Rotação interna**: É o movimento que gira a ponta do pé para dentro. Estando o joelho completamente estendido, não existe nenhum movimento de rotação.

Como em todas as articulações com três graus de liberdade, o movimento de **circundução** do quadril define-se como sendo a combinação dos movimentos elementares simultaneamente em volta dos três eixos.

Os músculos têm um papel essencial na estabilidade do quadril. Mas essa estabilidade é também conferida pelo perfil das extremidades ósseas, pela resistência da cápsula, dos ligamentos e pela ação dos músculos envolvidos com a articulação.

A saliência óssea lateral da parte superior do fêmur é chamada de trocânter maior. Não é difícil a ocorrência de fraturas nessa região por sua forma protuberante; traumas e/ou choques violentos também podem estar envolvidos com afecções da **bursa trocantérica**.

Bursite do quadril é um problema comum que causa dor na face lateral da coxa, afetando grande número da população com dor no quadril. Alguns lutadores relataram dores locais que, após diagnóstico médico, se confirmaram em pelo menos uma das 3: **bursite iliopectínea, bursa trocantérica** e **bursa isquioglútea** ou **isquiática**.

Saibam que THOMPSON & COLABORADORES (1994) relatam que a bursa é uma bolsa que contém um fluido, sinovial, e seu papel é facilitar o movimento entre duas superfícies. Existem aproximadamente mais de uma centena de bursas ao todo no corpo e só percebemos sua existência quando estão inflamadas.

Uma sugestão ao leitor seria uma leitura complementar específica sobre o tema, saber detalhes das estruturas sobre articulação só irá ajudá-lo na hora de reconhecer uma dor em um atleta.

Músculos posterolaterais que atuam sobre a coxa

Músculos	Inserção Proximal	Inserção Distal	Ação
Glúteo máximo	Anterior: Ílio, atrás da linha glútea. Posterior: face posterior do sacro e cóccix; ligamento sacrotuberal	Feixes inferiores, na tuberosidade glútea do fêmur; feixes superiores, no trato iliotibial da fascia lata da coxa	Extensão da coxa na articulação do quadril; ou, fixo membro inferior, estende pelve e tronco; rotador lateral da coxa
Glúteo médio	Ílio, entre as linhas glúteas anterior e posterior	Face lateral do trocânter maior do fêmur	Abdução e rotação medial da coxa
Glúteo mínimo	Ílio, entre linhas glúteas anterior e posterior	Borda anterolateral do trocânter maior	Abdução e rotação medial da coxa
Piriforme	Face pélvica do sacro; parte inferior da área glútea do ílio; ligamento sacrotuberal	Face posterior do trocânter maior do fêmur	Estabiliza a juntura do quadril; abduz a coxa; roda a coxa lateralmente
Obturatório interno	Face pélvica do osso do quadril e membrana obturatória	Face posterior do trocânter maior do fêmur	Rotação lateral da coxa na articulação do quadril
Gêmeo superior	Espinha ilíaca	As fibras convergem sobre tendão do obturatório interno, como formando um tríceps	Rotação lateral da coxa na articulação do quadril
Gêmeo inferior	Tuber isquiático	As fibras convergem sobre tendão do obturatório interno, como formando um tríceps	Rotação lateral da coxa na articulação do quadril
Quadrado femoral	Tuber isquiático	Crista intertrocantérica do fêmur	Rotação lateral da coxa na articulação do quadril; abdução da coxa
Obturatório externo	Face externa da membrana obturatória e partes adjacentes do ísquio e púbis	Fossa trocantérica do fêmur	Rotação lateral da coxa na articulação do quadril; abdução da coxa
Tensor da fáscia lata	Lábio externo da crista ilíaca	Trato iliotibial da fáscia lata	Rotação medial e flexão da coxa; estira a fascia lata

FONTE: HAY & REID. **Bases Anatômicas e Mecânicas do Movimento Humano**, p. 257 a 262.

Músculos posteriores que atuam sobre a perna

Músculos	Inserção Proximal	Inserção Distal	Ação
Bíceps femoral	Porção longa: medialmente no túber isquiático Porção curta: Na linha áspera do fêmur, linha supracondilar lateral e septo intermuscular. Lateral	Cabeça da fíbula e côndilo lateral da tíbia	Estes três músculos são extensores da coxa sobre o quadril (se o quadril não estiver totalmente fletido), flexores do joelho (se a articulação do quadril não está em extensão completa), e extensores da pelve (se o membro inferior está fixo)
Poplíteo	Côndilo lateral femoral	Superior à linha poplítea e na borda posterior da tíbia	Roda o fêmur lateralmente sobre a tíbia
Semitendinoso	Tuberosidade do ísquio	Face médio-proximal da Tíbia	Flexiona a perna e estende a coxa (roda a perna medialmente quando o joelho está flexionado)
Semimembranoso	Tuberosidade do ísquio	Côndilo medial da Tíbia	Flexiona a perna e estende a coxa (roda a perna medialmente quando o joelho está flexionado)
Iliopsoas	Ilíaco: Parte lata da fossa ilíaca, asa do sacro Psoas maior e menor: Processo transverso e corpo das vértebras adjacentes, de T12 a L4	Ilíaco: No tendão do psoas maior; alguns feixes diretamente no trocânter menor do fêmur Psoas maior e menor: Passa anteriormente à articulação e fixa-se no trocânter menor	É o mais potente flexor da coxa; se está fixa, flete o tronco sobre a coxa. O psoas maior participa na flexão lateral do tronco

FONTE: HAY & REID. **Bases Anatômicas e Mecânicas do Movimento Humano**, p. 257 a 262.

Músculos anteromediais que atuam sobre a coxa

Músculos	Inserção Proximal	Inserção Distal	Ação
Pectíneo	Linha pectínea pubiana	Parte alta da linha pectínea do fêmur	Adução da coxa e, pois que está anterior à do fêmur, também alguma flexão da coxa
Adutor longo	Crista e sínfise pubiana	Lábio medial da linha áspera do fêmur	Adução, flexão e rotação da coxa

Músculos	Inserção Proximal	Inserção Distal	Ação
Adutor curto	Púbis, corpo e ramo inferior	Parte baixa da linha pectínea do fêmur e alta da linha áspera	Adução, flexão e rotação da coxa
Adutor magno	Parte adutora: Ramo isquiopúbico Parte extensora: Tuberosidade isquiática	Parte adutora: Adução da coxa. Parte extensora: Linha áspera, crista supracondilar medial e tubérculo adutor	Adução, extensão, flexão e rotação da coxa
Grácil	Sínfise pubiana na borda inferior	Face médio-proximal da tíbia	Adução da coxa e débil flexão e rotação medial da perna

FONTE: HAY & REID. **Bases Anatômicas e Mecânicas do Movimento Humano**, p. 257 a 262.

Falar de esporte de alto rendimento sem alertar os praticantes para as consequências do desgaste articular é um absurdo. Atletas praticantes de esporte de combate são os que mais apresentam risco de lesões, não só pelos traumas, choques ou impactos, mas também pelo excesso de movimentos repetitivos na busca pela perfeição.

Não seria correto deixar de lado a articulação recordista de lesões no mundo segundo os ortopedistas, a articulação do joelho.

O JOELHO

O joelho é uma articulação condiloide dupla entre os côndilos do fêmur acima e aqueles da tíbia abaixo; além disso, a patela se articula com as faces anteriores dos côndilos do fêmur (HAY & REID, 1982).

A articulação do joelho é composta por três articulações em uma: duas articulações tibiofemorais – entre o côndilo lateral do fêmur e o platô lateral da tíbia e entre o côndilo medial do fêmur e o platô medial da tíbia; e uma articulação patelofemoral – entre a face articular posterior da patela e a face patelar do fêmur (COSTA, 2000).

As principais estruturas que sustentam o joelho externamente incluem os tendões dos músculos que o cruzam de cima para baixo, o ligamento patelar anteriormente, a cápsula do joelho e os ligamentos lateral e medial (ligamentos colaterais) do joelho. A sustentação interna da articulação do joelho é feita pelos dois ligamentos cruzados (anterior e posterior) e pelos dois meniscos (medial e lateral), também chamados de semilunares.

O ligamento patelar é parte do tendão do grupo muscular quadríceps e está inserido na patela, a qual recobre, e ao tubérculo da tíbia.

LEHMKUHL & SMITH (1989) recordaram que a patela se situa dentro do tendão comum do quadríceps, este por sua vez estende-se acima e dos lados da patela, bem como se insere sobre ela. Do ápice da patela, o tendão patelar, continuação do tendão do quadríceps, estende-se até a tuberosidade da tíbia.

Os pesquisadores RASCH & BURKE (1977) afirmam que tanto ligamento patelar quanto tendão patelar estão corretos. Já que tecnicamente é ligamento, pois une um osso ao outro e funcionalmente é um tendão composto de fibras que se continuam com as fibras do tendão do quadríceps.

Marcelo COSTA (2000) afirma que a patela também atua protegendo a face anterior da articulação do joelho.

A cápsula do joelho é reforçada por muitos ligamentos, sendo inseparável da expansão aponeurótica dos músculos extensores do joelho. A movimentação lateral do joelho é limitada pelos dois ligamentos colaterais, lateral/fibular ou medial/tibial.

O ligamento lateral é uma estrutura cordonada inserida inferiormente na cabeça da fíbula, e superiormente no côndilo lateral do fêmur. O ligamento medial é mais longo e largo do que o ligamento lateral, inserindo-se nos côndilos mediais do fêmur e da tíbia. Este ligamento também está inserido na cápsula do joelho e, desta forma, no menisco medial.

Os ligamentos cruzados são dois extremamente fortes localizados no interior da articulação. Ambos se cruzam, sendo denominados de acordo com sua inserção tibial (anterior e posterior). O ligamento cruzado anterior impede o deslocamento anterior da cabeça da tíbia e limita a hiperextensão da articulação; o ligamento cruzado posterior restringe o deslocamento posterior da tíbia.

Os meniscos são cartilagens de forma semilunar que tendem a aumentar a concavidade da superfície articular da tíbia, aumentando assim a estabilidade da articulação; não estão fixados firmemente à articulação, podendo assim deslizar durante a movimentação da articulação do joelho. O menisco medial possui uma curvatura mais larga do que o menisco lateral. O corno anterior do menisco medial se liga ao sulco anterior da tíbia por um tecido ligamentar fibroso e à espinha intercondilar ventral. Liga-se ainda ao ligamento cruzado anterior e por um ligamento transverso se liga ao corno anterior do menisco lateral.

Posteriormente, o menisco medial se liga a uma pequena protusão fibrosa da cápsula e é ligado à porção tendinosa do músculo semimembranoso.

Estudos provaram que o menisco lateral possui uma largura de 12mm a 13mm, sua curvatura aparenta ser um anel fechado e tanto o corno anterior quanto o posterior se inserem diretamente ao ponto intercondilar. Os cornos se ligam ao ligamento cruzado posterior por uma terminação fibrosa. Grande parte do corno posterior insere-se ao fêmur por uma fossa intercondilar e pelo ligamento de wrisberg (fascículo) que se estende superior e medialmente e quase sempre se entrelaça ao ligamento cruzado posterior.

SUSAN & HALL (1993), segundo Marcelo COSTA (2000), citam uma importante estrutura de contenção da articulação do joelho, o trato iliotibial, "uma larga e densa faixa de fáscia lata com inserções no côndilo lateral do fêmur e no tubérculo lateral da tíbia, que se supõe funcione como um ligamento anterolateral do joelho" (baseado em TERRY, HUGHSTON, NORWOOD, 1986).

Os movimentos do joelho são de flexão e extensão. Partindo da posição anatômica (extensão), a flexão do joelho é um movimento posterior, ao contrário de outras articulações como a coluna, quadril, ombro e cotovelo, onde a flexão é um movimento anterior. A rotação medial e lateral são movimentos resultantes de flexão e extensão do fêmur sobre a tíbia ou da tíbia sobre o fêmur.

Portanto, os exercícios para esta articulação enfatizam somente os dois movimentos (flexão e extensão), que são realizados no plano sagital sobre um eixo frontal (ARRUDA, 1999).

Partindo de um ponto de vista ósseo, a articulação do joelho não possui uma grande estabilidade articular. Maurício de ARRUDA (1999) afirma que a estabilidade depende de dois componentes (ligamentos e músculos), para preservá-la de lesões durante os movimentos. Por isso, o fortalecimento dos músculos que cruzam esta articulação é necessário para aumentar o grau de estabilidade e diminuir o risco de lesões ligamentares.

Além disso, o joelho é o elo de ligação do membro inferior fundamental para qualquer movimento que dependa de absorção de impacto e deslocamento.

LEHMKUHL & SMITH (1989, p. 311) afirmaram:

> [...] que os extensores do joelho, grupo muscular quadríceps femoral, estende e é formado por quatro músculos: reto femoral, vasto lateral, vasto medial e vasto intermédio. Estes quatro músculos formam uma única inserção, forte, sobre a patela, cápsula do joelho e superfície proximal superior da tíbia. Apresentam inervação comum, ramos do nervo femoral.

O tendão patelar do quadríceps femoral compreende três lâminas: a camada superficial (do reto), a camada média (dos tendões do vasto lateral e medial) e camada profunda (do vasto intermédio). Parte de suas fibras passa por sobre a patela (face anterior), parte insere-se nas bordas superiores e nas bordas laterais da patela. Algumas fibras da patela da face lateral e da medial dirigem-se obliquamente a ambos os lados para fixação nos côndilos femorais, algumas fibras passam pelos ligamentos colaterais e capsulares para se inserirem nos meniscos (COSTA, 1999).

Músculos anteriores que atuam sobre a perna

Músculos	Inserção Proximal	Inserção Distal	Ação
Reto femoral	Cabeça anterior: Espinha ilíaca anterior e inferior Cabeça posterior: Margem posterior superior do acetábulo.	Longo tendão divide parte central e fixa-se à base da patela; as fibras colaterais a ladeiam e fixam-se à tíbia a cada lado do ligamento da patela	Auxilia o iliopsoas na flexão da coxa; atua como parte do quadríceps na extensão do joelho
Sartório	Espinha ilíaca anterior e superior	Parte alta da face medial da tíbia	Flexor e rotador lateral da coxa e auxilia a flexão do joelho
Vasto lateral	Estreita faixa anterior à linha intertrocantérica do fêmur, trocânter maior, tuberosidade glútea, linha áspera e septo intermuscular lateral	Sua lâmina tendínea funde-se ao tendão do reto femoral (tendão quadrícipital)	Extensão de perna
Vasto medial	Porção proximal da linha supracondilar medial da borda medial da linha áspera do fêmur	Borda medial do ligamento patelar que se insere na tuberosidade tibial	Extensão de perna
Vasto intermédio	Face anterolateral do fêmur	Ligamento patelar que se insere na tuberosidade tibial	Extensão de perna
Articulador do joelho	Face anterior e distal do corpo femoral	Numa reflexão proximal da membrana sinovial da articulação do joelho	Fixa articulação do joelho

FONTE: HAY & REID. **Bases Anatômicas e Mecânicas do Movimento Humano**, p. 257 a 262.

Músculos posteriores que atuam sobre o tornozelo e pé

Músculos	Inserção Proximal	Inserção Distal	Ação
Gastrocnêmio	Cabeça lateral: Côndilo lateral femoral Cabeça medial: Côndilo medial femoral	Calcâneo pelo tendão	Flexão da perna e flexão plantar do tornozelo
Sóleo	Terço medial tibial e cabeça terço proximal fibular	Calcâneo pelo tendão	Flexão plantar

Músculos	Inserção Proximal	Inserção Distal	Ação
Tibial anterior	Côndilo lateral e 2/3 proximal da face lateral da tíbia	Cuneiforme medial e base do 1º metatarso	Dorsiflexão e inversão do pé
Fibular curto	2/3 distais da face lateral da fíbular	Base lateral do 5º metatarso	Flexão plantar e eversão do pé
Fibular longo	Côndilo lateral tibial, cabeça e 2/3 proximais da superfície lateral da fíbula	1º metatarso e cuneiforme medial	Flexão plantar e eversão do pé

FONTE: HAY & REID. **Bases Anatômicas e Mecânicas do Movimento Humano**, p. 257 a 262.

Muitos atletas de luta reclamam de lombalgias. Segundo um estudo feito pela OMS, Organização Mundial da Saúde, cerca de 80% dos adultos terão pelo menos uma crise de dor lombar durante a sua vida, e 90% destes apresentarão mais de um episódio.

Atletas que não apresentam quadro álgico podem, conforme um estudo feito por Hodges e Richardson, apresentar o transverso do abdome ativado antes do início dos movimentos dos membros.

Análises feitas no músculo transverso do abdome nos evidenciam que esse músculo é uma estrutura essencial para estabilização da coluna lombar. Treinadores deveriam preconizar que, ao realizar exercícios para a parede abdominal, deveríamos a todo custo enfatizar o recrutamento específico do transverso do abdome, em vez de fortalecimento e *endurance* gerais, com excessivas repetições de flexão da lombar.

Afirmo que a identificação do desequilíbrio na força da musculatura da parede abdominal pode permitir sua correção, alívio na dor e pode evitar ou minimizar desvios posturais.

Muitos pesquisadores consideram o transverso abdominal um importante músculo e afirmam que, a partir do conhecimento da sua relação com a fáscia toracolombar e a pressão intra-abdominal, ele participa diretamente da estabilidade lombar.

Estudos enfáticos sobre os músculos abdominais profundos mostraram que o transverso abdominal é o principal músculo gerador da pressão intra-abdominal. Ao analisar o aumento da pressão no interior do abdome e na tensão da fáscia toracolombar, cientistas evidenciaram que ocorre a contração do músculo transverso, que resulta em uma diminuição da circunferência abdominal, devido à orientação horizontal das suas fibras.

O estudo relatou que há uma diminuição na compressão axial e nas forças de cisalhamento e uma transmissão destas forças em uma área maior, promovendo uma maior estabilidade à coluna durante o levantamento de cargas elevadas.

Um número significativo de estudiosos demonstrou que os músculos que possuem maior função estabilizadora são os multífidos, transverso abdominal e oblíquo interno agindo em cocontração, principalmente na antecipação de cargas aplicadas.

HODGES & RICHARDSON (1996, 1997, Hodges, 1997, 2003; Hodges *et al.* 1999, 2001 a, b, c, 2003 b; Hungerford, 2001; Mens *et al.* 1999; Richardson *et al.* 1999, 1993 a; Snijders *et al.* 1990 a, b; Vleeming *et al.* b; Vleeming *et al.* 1995; Vleeming *et al.* 1996) evidenciaram por eletromiografia que o músculo transverso abdominal é o primeiro músculo a ser ativado durante os movimentos dos membros, concluindo que este músculo é fundamental para a estabilização segmentar.

A evidência propõe que ao se antecipar ao movimento produzido pela ação do músculo agonista, o transverso abdominal atuaria promovendo uma rigidez necessária à coluna lombar, evitando qualquer oscilação na estabilidade do tronco que pudesse gerar dor lombar.

Em indivíduos assintomáticos de lombalgias, o transverso do abdome, para proteger a coluna, contrai-se antes dos movimentos das extremidades. Nos quadros crônicos ou esporádicos esta contração falha antes dos movimentos, demonstrando uma alteração na coordenação desse músculo.

O início tardio da contração do transverso abdominal indica um déficit do controle motor e resulta em uma estabilização muscular ineficiente da coluna e consequentemente em dor.

Conheça um pouco sobre os músculos anteriores da região do abdome.

Músculos que atuam no abdome

Músculos	Inserção Superior	Inserção Inferior	Ação
Reto abdominal	Sínfise e crista pubiana	Processo xifoide esternal e cartilagens da 5ª à 7ª costelas	Flexão da coluna ou re-troversão de pelve. Com-pressão da parede visceral auxiliando na respiração
Oblíquo externo	Face externa das 7 últimas costelas	Crista ilíaca anterior, tu-bérculo do púbis e linha Alba	Contração Unilateral: Ro-tação com tórax girando para o lado oposto Contração Bilateral: Flexão do tronco e aumento da pressão intra-abdominal
Oblíquo interno	Porção lateral do ligamen-to inguinal, crista ilíaca e fáscia toracolombar	Cartilagem das 3 infe-riores, linha Alba e crista do púbis	Contração Unilateral: Ro-tação com tórax girando para o mesmo lado Contração Bilateral: Flexão do tronco e aumento da pressão intra-abdominal
Transverso do abdome	Face interna das últimas 6 cartilagens costais, fáscia toracolombar, crista ilíaca e ligamento inguinal	Processo xifoide, linha Alba e crista do púbis	Comprime o abdome au-xiliando a respiração e es-tabiliza a coluna lombar
Piramidal do abdome	Linha Alba	Crista púbica entre o tu-bérculo púbico e a face da sínfise	Tencionar a linha Alba

FONTE: HAY & REID. **Bases Anatômicas e Mecânicas do Movimento Humano**, p. 257 a 262.

Músculos que atuam na coluna são importantíssimos para um bom desempenho esportivo, em uma luta tê-los fortes e coordenados pode ser a diferença entre a vitória e a derrota. Atletas fazem exercícios que sobrecarregam em muito o pescoço, segundo o médico neurocirurgião Marcelo Donza, em comunicação verbal, citou que os praticantes de lutas como o jiu-jítsu são os mais frequentes para indicação cirúrgica, devido ao alto índice de casos de hérnias cervicais.

No quadro que se segue, está descrito um pouco das estruturas que envolvem nossa coluna vertebral que podem e devem ser estimuladas.

Músculos posteriores que atuam na coluna vertebral

Músculos	Inserção Superior	Inserção Inferior	Ação
Eretor da espinha Espinhal Porção média do eretor da espinha	Porção da cabeça: Fixado ao semiespinhal da cabeça Porção do pescoço: Ligamento nucal e processos espinhosos de C7 a T2 Porção do tórax: Processos espinhosos T11 a L2	Processos espinhosos C2 a C4 Processos espinhosos das torácicas superiores (varia de 4 a 8)	Extensão da coluna vertebral
Longuíssimo Porção intermédia do eretor da espinha	Porção da cabeça: Processo mastoide Porção do pescoço: Processos transversos de C2 a C6 Porção do tórax: Processos transversos das vértebras torácicas e das 10 últimas costelas	Processos transversos de T1 até T4 e processos articulares de C4 até C7 Processos transversos de T1 a T4 Processos transversos das vértebras lombares e aponeurose lombocostal	Extensão e inclinação homolateral da coluna vertebral
Iliocostal Porção lateral do eretor da espinha	Porção cervical: Processo transverso da C4 a C6 Porção torácica: Ângulo das seis primeiras costelas e processo transverso da C7	Ângulo da 3ª à 6ª costelas Ângulo das 6 últimas costelas	Flete lateralmente à cabeça e em ação bilateral estende a cabeça e parte da coluna ou a coluna inteira
Quadrado lombar	12ª costela e processo transverso de 1ª a 4ª vértebras lombares	Crista ilíaca posterior e ligamento iliolombar	Estende a espinha lombar e em ação isolada curva a coluna vertebral lateralmente
Esplênio	Osso occipital e osso temporal no processo mastoide	Metade inferior do ligamento nucal, espinhas da 7ª cervical e 3ª ou 4ª torácicas	Estende o pescoço e em ação isolada roda a cabeça para o mesmo lado
Esternocleidomastoideo	Processo mastoide do osso temporal	Esterno no manúbrio e porção interna da clavícula	Em ação bilateral flexiona o pescoço e em ação unilateral roda a cabeça para o lado oposto

FONTE: HAY & REID. **Bases Anatômicas e Mecânicas do Movimento Humano**, p. 257 a 262.

Quais os músculos, que estruturas são responsáveis pela estabilidade do ombro? Perguntas como estas precisam ser respondidas antes que se prescreva qualquer treinamento físico.

Na prática é sabido que isso não ocorre e é por isso que propomos a leitura a seguir.

Os componentes esqueléticos da cintura escapular incluem duas clavículas, duas escápulas e o esterno. Estes ossos são responsáveis pela estrutura anatômica do corpo e servem também para a transmissão de forças dos membros superiores para o corpo.

Durante uma luta de contato as forças sofridas pelo corpo seguem, necessariamente, um caminho definido pelas articulações associadas ao conjunto dos membros superiores. Absorver o impacto de um chute ou de um soco é extremamente sofrível pelo nosso organismo. Por isso afirmo que somente a técnica adequada na absorção do impacto não é suficiente para manter o indivíduo lutando, é preciso prepará-lo e fortalecê-lo de forma correta e progressiva.

As escápulas não são ligadas entre si ou à coluna vertebral, embora vários pesquisadores considerem que exista uma conexão ou articulação não muito funcional entre a face anterior de cada escápula e os tecidos que estão entre ela e as costelas. A essa articulação denominamos escapulotorácica.

Músculos que atuam na cintura escapular

Músculos	Inserção Superior	Inserção Inferior	Ação
Levantador de escápula	As 4 primeiras vértebras cervicais do Atlas até C4	Borda medial da escápula a partir da espinha até o ângulo superior	Eleva e auxilia na adução escapular
Peitoral menor	Escápula, no processo coracoide	Face externa da 3ª à 5ª costela	Deprime o ombro e auxilia na rotação inferior da escápula Eleva as costelas ajudando na ação inspiratória
Romboide maior	Processo espinhoso da T2 a T5	Borda medial da escápula, da espinha ao ângulo inferior	Adução e rotação da escápula. Auxilia na elevação do ombro

Músculos	Inserção Superior	Inserção Inferior	Ação
Bomboide menor	Parte inferior do ligamento nucal e da C7 a T1	Raiz na espinha escapular	Adução escapular
Serrátil anterior	Porção superior: Inserção Posterior: Ângulo superior da escápula Porção média: Inserção Posterior: Borda medial da escápula Porção inferior: Inserção Posterior: Ângulo inferior da escápula	Inserção anterior: Face externa da 1ª e da 2ª costela Inserção anterior: Face externa da 2ª à 4ª costela Inserção anterior: Face externa da 5ª à 9ª costela	Possui ação inspiratória, mas sua maior ação é na rotação superior, abdução e depressão da escápula e propulsão do ombro
Trapézio	Protuberância occipital, linha nucal superior, ligamento nucal e processos espinhosos da C7 a T12	Borda posterior da clavícula, processo acromial e espinha da escápula	Elevação do ombro, adução das escápulas, rotação superior das escápulas e depressão de ombro Faz extensão do pescoço e isoladamente curva lateralmente o pescoço

FONTE: HAY & REID. **Bases Anatômicas e Mecânicas do Movimento Humano**, p. 257 a 262.

O OMBRO

Um detalhamento se faz necessário de uma das articulações que mais sofrem estresse no corpo, o complexo do ombro, não há esporte de combate que não faça uso do ombro, até esportes como *Tae kwon do* e Capoeira que se não abusam dos membros superiores no ataque estarão sempre atentos com seus ombros na hora da defesa e/ou como estabilizadores na hora do movimento do quadril.

A grande variedade de movimentos exercidos pelos membros superiores advém das estruturas conhecidas como cintura escapular e articulação do ombro ou, mais precisamente, articulação glenonumeral.

Falar da articulação mais complexa do corpo humano não é fácil. Se pararmos para analisar, a articulação do ombro é composta por 5 articulações juntas:

- Glenoumeral;
- Esternoclavicular;

- Acromioclavicular;
- Coracoclavicular;
- Escapulotorácica.

A glenoumeral consiste numa cabeça do úmero quase esférica e numa cavidade glenoidea relativamente rasa na margem lateral da escápula.

O lábio glenoidal é uma estrutura na margem lateral da escápula, uma estrutura fibrosa que reveste o perímetro da cavidade glenoide e serve, essencialmente, para aprofundar a articulação e desse modo aumentar sua estabilidade, sem essa estrutura o ombro seria muito mais suscetível a lesões mecânicas.

A cápsula articular, presente na articulação, não é uma estrutura rígida e permite uma separação significativa das faces articulares durante o movimento umeral anterior e posterior, a esse fato, as chaves de braços executadas pelos praticantes de Jiu-jítsu e Judô não se tornam tão traumáticas. Basta o executante respeitar o limite articular, que é na verdade individual, do seu oponente.

É gritante o número de casos de luxação anterior de ombro e lesão do lábio glenoidal em praticantes de voleibol, segundo o Conselho Federal de Medicina do Rio de Janeiro, esse número é muito menor entre os praticantes de luta. Esse fato demonstra que o esforço repetitivo parece ser mais prejudicial ao ombro do que as torções em uma luta de MMA.

Vejam que, estruturalmente, a articulação é protegida pelos seus próprios processos anatômicos, acima, pelo arco coracoacromial, formado pelo processo coracoide, acrômio e ligamento coracoacromial, que atravessa a distância entre essas duas protuberâncias. Esse ligamento protege a articulação de deslocamento, pois segue do processo coracoide à face anterior do tubérculo maior e serve para fortalecer a cápsula articular.

Quando um atleta de *Muay Thai* soca um saco de pancadas, ele está fortalecendo os ligamentos glenoumerais (superior, médio, inferior) que estão presentes na parte anterior da articulação e constituem parte da cápsula articular. Embora difíceis de identificar como ligamentos individuais, eles seguem da cavidade glenoide ao tubérculo menor e colo anatômico do úmero, esse exercício de socar um objeto pesado, mas relativamente macio, ocasiona adaptações morfofuncionais proprioceptivas necessárias ao bom desempenho durante um combate real.

A guarda alta, como os lutadores de Boxe preconizam, é fazer uso dos braços e ombros na proteção da cabeça, isso todos sabem, mas treinadores com conhecimento em anatomia humana sabem também que a força do impacto se propaga pelo corpo e a articulação esternoclavicular trabalha em todos os movimentos da cintura escapular. Mesmo sendo dupla, a articulação esternoclavicular funciona como uma articulação esferoide triaxial porque a clavícula se articula com o manúbrio esternal e também com a primeira costela.

Uma fratura na clavícula tirou um atleta adulto de um campeonato de Jiu-jítsu em 1996 pela Liga Niteroiense de Jiu-jítsu, a partir desta data a equipe do mestre Barradas, movimento iniciado por mim, Franklin Magalhães, proibiu qualquer tipo de projeção ou queda em seus tatames com menos de 40mm de espessura. Divulgamos aos alunos um estudo morfológico sobre a clavícula.

Esse estudo retirado do ROHEN & YOKOCHI, 1992, explicou que a estrutura clavicular atua como um braço mecânico e mantém a articulação glenonumeral em sua distância correta do esterno. As faces articulares das extremidades esternais das clavículas não são moldadas anatomicamente ao ponto esternal de fixação. Para isso, um disco articular entre o manúbrio e a clavícula aumenta o grau de ajuste e também atua como um amortecedor de choques para as forças transmitidas da região do ombro como socos e chutes, ajudando a prevenir luxações na articulação.

É de conhecimento científico que a articulação esternoclavicular também é protegida de luxação ou deslocamento excessivo pelo ligamento costoclavicular. Esse ligamento segue da face superior medial da primeira costela até a face inferior medial da clavícula.

As lutas de *Submission* exercem grandes forças sobre o tórax, uma chave muito difundida no mundo da luta é a *chave de omoplata*, seria correto renomeá-la *chave de escápula*, mas essa não é a questão aqui. O que deveríamos saber é que o ponto de fixação das escápulas às clavículas é chamado de articulação acromioclavicular e é essa articulação que sofre muito quando se submete a essa chave.

Um estudo mais aprofundado como ressonância magnética nuclear se faz necessário para evidenciar toda a estrutura escapular se comportando sob estresse traumático.

Os anatomistas classificam a articulação coracoclavicular como uma sindesmose, articulação fibrosa na qual as faces ósseas são unidas por um ligamento interósseo, por uma fina corda fibrosa ou uma membrana aponeurótica. Essa articulação na verdade une o processo coracoide escapular e a parte inferior da clavícula.

Músculos que atuam no úmero, rádio e ulna

Músculos	Inserção Superior	Inserção Inferior	Ação
Coracobraquial	Processo coracoide escapular	Face medial do úmero	Flexão e adução do braço
Deltoide	Clavícula no acrômio e na espinha da escápula	Tuberosidade deltoidea umeral	Abdução do braço, auxilia nos movimentos de flexão, extensão, rotação lateral e medial, flexão e extensão horizontal do braço. Estabilização da articulação do ombro
Infra-espinhal	Fossa espinhal escapular	Tuberosidade maior do úmero	Rotação lateral do úmero
Grande dorsal	Sulco biciptal do úmero	Processos espinhosos da T6 à 12ª lombar e sacral, 1/3 posterior da crista ilíaca e face externa das 3 ou 4 últimas costelas	Adução, extensão e rotação medial do braço. Depressão do ombro
Peitoral maior	Porção clavicular: 1/2 medial da borda anterior da clavícula. Porção esternal: Face anterior do esterno, face externa da 1ª a 6ª cartilagem costais e aponeurose do oblíquo externo do abdome	Lábio lateral do sulco bicipital	Adução, rotação medial, flexão e flexão horizontal do ombro
Supra-espinhal	Inserção medial: Fossa supra-espinhal da escápula	Inserção lateral: Tuberosidade maior do úmero	Abdução do úmero
Redondo maior	Face dorsal e ângulo inferior escapular	Crista do tubérculo menor do úmero	Rotação medial, adução e extensão da articulação do ombro

Músculos	Inserção Superior	Inserção Inferior	Ação
Redondo menor	2/3 superior da borda lateral da escápula	Faceta inferior do tubérculo maior do úmero	Rotação lateral e adução do úmero
Bíceps braquial	Cabeça curta: Processo coracoide Cabeça longa: Tuberosidade supraglenoidal	Tuberosidade radia, fáscia profunda do antebraço	Flexão de cotovelo e do ombro e supinação do antebraço
Braquial	2/3 da face anterior do úmero	Processo coronoide e tuberosidade ulnar	Flexão do cotovelo
Bráquirradial	2/3 proximais da crista supracondilar lateral do úmero	Processo estiloide do rádio	Flexão do cotovelo, pronação e supinação do antebraço até o ponto neutro
Pronador quadrado	Inserção proximal: 1/4 da face anterior da ulna	Inserção distal: 1/4 da face anterior do rádio	Pronação do antebraço
Pronador redondo	Inserção proximal: Epicôndilo medial do úmero e processo coronoide da ulna	Inserção distal: Face lateral do 1/3 médio da diáfise do rádio	Pronação do antebraço e auxiliar na flexão do cotovelo
Supinador	Epicôndilo lateral do úmero e ligamento colateral radial	Face lateral e 1/3 proximal da diáfise do rádio	Supinação do antebraço
Tríceps braquial	Porção longa: Tubérculo infraglenoidal escapular Porção medial: 1/2 distal da face posterior do úmero (abaixo do sulco radial) Porção lateral: 1/2 proximal da face posterior do úmero (acima do sulco radial	Processo olecraniano da ulna	Extensão do cotovelo
Ancôneo	Epicôndilo lateral do úmero	Processo olecraniano da ulna	Extensão do cotovelo e pronação do antebraço

FONTE: HAY & REID. **Bases Anatômicas e Mecânicas do Movimento Humano**, p. 257 a 262.

O COTOVELO

A articulação do cotovelo é uma dobradiça ou articulação em gínglimo. Possui três articulações: **umeroulnar**, entre a tróclea do úmero e a incisura troclear da ulna, **umerorradial**, entre o capítulo do úmero e a cabeça do rádio e **radioulnar proximal**, entre a cabeça do rádio e a incisura radial da ulna.

Ao observarmos de perto o cotovelo fica fácil sentir ao toque a articulação **umeroulnar**, que é sinovial e atua de forma preponderante na articulação do cotovelo, permitindo um ligeiro ajuste lateral e medial durante o movimento do rádio na pronação e supinação. Sendo que sua estabilidade não é afetada com a retirada cirúrgica da cabeça do rádio.

A articulação **umerorradial** é uma juntura sinovial trocoide ou pivô que acompanha a ulna nos movimentos de dobradiça do cotovelo e, neste movimento, a face superior côncava da cabeça do rádio desliza-se sobre o capítulo do úmero na pronação e supinação girando como pivô contra o capítulo, e sua cápsula é a mesma da articulação umeroulnar.

Por último: a articulação **radioulnar proximal** é uma articulação sinovial que compreende movimentos de rotação do rádio sobre a incisura radial da ulna nos movimentos de supinação e pronação.

As superfícies articulares são reunidas por uma cápsula que é espessada medial e lateralmente pelos ligamentos colaterais ulnar e radial.

- **Cápsula Articular:** Circunda toda a articulação e é formada por duas partes: anterior e posterior. A parte anterior é uma fina camada fibrosa que recobre a face anterior da articulação, já a parte posterior é fina e membranosa e consta de fibras oblíquas e transversais.

- **Ligamento Colateral Ulnar:** É um feixe triangular espesso constituído de duas porções: anterior e posterior, unidas por uma porção intermediária mais fina.

- **Ligamento Colateral Radial:** É um feixe fibroso triangular, menos evidente que o ligamento colateral ulnar.

- **Ligamento Anular:** É um forte feixe de fibras que envolve a cabeça do rádio, mantendo-a em contato com a incisura radial da ulna. Da borda inferior do ligamento anular sai um feixe espesso de fibras que se estende até o colo do rádio, denominado ligamento quadrado

Os ossos do cotovelo são fixados na articulação pela própria cápsula articular, reforçado lateralmente pelo ligamento colateral radial que fixa a porção distal do úmero à porção proximal da ulna e à porção proximal do rádio e, o ligamento anular que fixa e dá suporte aos movimentos de rotação do rádio. Medialmente, este suporte é feito pelo ligamento colateral ulnar ligando a porção proximal da ulna à porção distal do úmero.

Compondo ainda os movimentos de flexão e abdução do cotovelo, a inserção do músculo bíceps braquial inserido na tuberosidade do rádio e ulna, e o braquial se inserindo na tuberosidade da ulna.

E como pode ser notado em um atlas anatômico, como proteção para impacto do olecrânio, ainda existe a bolsa olecraniana.

Em todas as situações que impliquem mobilização muscular, a força é solicitada e aplicada em uma intensidade maior ou menor de acordo com o nível de exigência requerida. Esse fato nos lembra que não existe movimento consciente sem força, o que faz da força uma capacidade física implícita em todos os tipos de luta.

Por exemplo, não é indicado socar ou agarrar um adversário sem possuir força nas mãos e dedos suficientes para impedir que o choque traumático da ação cause alguma lesão. Quem nunca vivenciou uma situação onde ocorreu uma luxação ou até mesmo fratura que tivesse relação com algo parecido?

Pensando nisso, segue uma tabela resumida de alguns músculos que podem, se fortalecidos forem, diminuir os riscos de leões traumáticas das mãos.

Músculos que atuam no rádio, ulna e mão

Músculos	Inserção Superior	Inserção Inferior	Ação
Extensor radial longo do carpo	Face lateral do 1/3 distal da crista supracondiliana do úmero	Face posterior do 2º metacarpo	Extensão do punho e abdução da mão

Músculos	Inserção Superior	Inserção Inferior	Ação
Extensor curto do carpo	Epicôndilo lateral do úmero	Face posterior do 3° metacarpo	Extensão do punho e abdução da mão
Extensor ulnar do carpo	Epicôndilo lateral do úmero e metade proximal da borda dorsal da ulna	Base do 5° metacarpo	Extensão do punho e adução da mão (desvio ulnar
Extensor dos dedos	Epicôndilo lateral do úmero	Falanges médias e distais do 2° ao 5° dedos	Extensão da 3ª falange sobre a 2ª, da 2ª sobre a 1ª e da 1ª sobre os metacarpianos e acessoriamente faz extensão de punho e cotovelo
Extensor do indicador	Face posterior da diáfise da ulna e membrana interóssea	Tendão do extensor comum do 2° metacarpo	Extensão do 2° dedo
Extensor radial longo do carpo	Face lateral do 1/3 distal da crista supracondiliana do úmero	Face posterior do 2° metacarpo	Extensão do punho e abdução da mão
Flexor radial do carpo	Epicôndilo medial (epitróclea)	Face anterior do 2° e 3° metacarpos	Flexão do punho, rotação medial da mão e auxilia na flexão do cotovelo e pronação
Flexor ulnar do carpo	Epicôndilo medial do úmero, 2/3 proximais da borda posterior da ulna e olécrano	Osso pisiforme, hamato e base do 5° metacarpiano	Flexão do punho, adução da mão (desvio ulnar) e auxilia na flexão do cotovelo
Flexor profundo dos dedos	Face anterior dos 3/4 proximais da ulna e do rádio e membrana interóssea	Face anterior da falange distal do 2° ao 5° dedos	Flexão de punho, flexão da 3ª falange sobre a 2ª e da 2ª sobre a 1ª e da 1ª sobre os metacarpos
Flexor superficial dos dedos	Epicôndilo medial, processo coronoide da ulna e ligamento colateral ulnar	Face anterior da falange intermédia do 2° ao 5° dedos	Flexão de punho, flexão da 2ª falange sobre a 1ª, da 1ª sobre os metacarpos e auxilia na flexão do cotovelo
Palmar longo	Epicôndilo medial do úmero	Aponeurose palmar e retináculo dos flexores	Flexão do punho, tensão da aponeurose palmar e retináculo dos flexores

FONTE: HAY & REID. **Bases Anatômicas e Mecânicas do Movimento Humano**, p. 257 a 262.

Podemos fortalecer nossos pés contra lesões? Depende é a resposta mais correta, pois por mais fortes que possam estar as estruturas envoltas no movimento de uma articulação, nada pode garantir que o choque traumático de um impacto forte, uma torção ou até mesmo um choque proposital em um implemento de densidade muito superior ao da estrutura não irá causar algum dano ao pé, mesmo que passageiro.

Danos severos e agudos podem acabar com a vida atlética de muitos desportistas e é para isso que coloco ao alcance do leitor esse próximo quadro que identifica os principais músculos do pé, para que eles possam ser treinados.

Músculos que atuam no pé

Músculos	Inserção Superior	Inserção Inferior	Ação
Tibial anterior	Tíbia no côndilo lateral e 2/3 proximais	Cuneiforme medial e base do primeiro metatarso	Dorsiflexão e inversão do pé
Tibial posterior	Face posterior da tíbia, fíbula e na membrana interóssea	Ossos navicular, cuboide, cuneiforme e bases do 2° ao 4° metatarso	Flexão plantar e inversão do pé
Extensor longo dos dedos	Côndilo lateral da tíbia, 3/4 proximais da fíbula e membrana interóssea	Falange média e distal do 2° ao 5° dedo	Extensão das falanges e auxilia a dorsiflexão
Extensor longo do hálux	2/4 intermediários da fíbula e membrana interóssea	Falange distal do hálux	Extensão do hálux, flexão dorsal e inversão do pé
Flexor longo dos dedos	Face posterior da tíbia	Falanges distais do 2° ao 5° dedo	Flexão das falanges distais e auxilia a flexão plantar
Flexor longo do hálux	2/3 distais da face posterior da fíbula e membrana interóssea	Falange distal do hálux	Flexão do hálux, flexão plantar e inversão do tornozelo
Fibular curto	2/3 distais da face lateral da fíbula	Base da face lateral do 5° metatarso	Flexão plantar e eversão do pé
Fibular terceiro	1/3 distal da face anterior da fíbula	Base do 5° metatarso	Eversão do pé e ajuda na dorsiflexão

Músculos	Inserção Superior	Inserção Inferior	Ação
Sóleo	1/3 intermédio da face medial da tíbia e cabeça e terço proximal da fíbula	Calcâneo (tendão do gastrocnêmio)	Flexão plantar do tornozelo

FONTE: HAY & REID. **Bases Anatômicas e Mecânicas do Movimento Humano**, p. 257 a 262.

O conhecimento anatômico e topográfico dos músculos é valioso para que treinadores possam criar seus próprios exercícios funcionais.

Muitos cuidados devem ser seguidos, quando criamos ou adicionamos carga a um movimento. Sabemos que o simples fechar de olhos já aumenta a dificuldade pela falta de percepção espacial. O sentido vestibular ou do equilíbrio também está intimamente associado a esta sensibilidade.

A sensação de equilíbrio/desequilíbrio do corpo e os movimentos de rotação da cabeça são detectados pelo sistema vestibular, que é considerado uma forma de propriocepção especial, e está intimamente ligado à visão. Por isso, muitas vezes basta fechar os olhos para se adicionar dificuldade a um exercício.

Na década de 70, era comum um atleta de jiu-jítsu treinar em salas escuras para aumentar sua percepção na luta, isso não ocorre mais com tanta frequência, mas colocar uma das mãos presa à faixa ainda é usual e muito indicado. Pois a dificuldade irá fazer o atleta buscar deslocamentos, giros e posições que ele provavelmente não faria sem a dificuldade adicional.

NUTRIÇÃO E SUPLEMENTAÇÃO APLICADAS AO EXERCÍCIO FÍSICO

Capítulo 14

14

O s músculos precisam de um suprimento constante de nutrientes para atender a demanda em decorrência da prática do exercício físico, essa oferta deve vir a partir de macronutrientes e micronutrientes.

Macronutrientes são nutrientes que fornecem calorias e que necessitam de digestão para que sejam absorvidos ao longo do aparelho digestório, temos como exemplos os **carboidratos**, os **lipídeos** e as **proteínas**.

Micronutrientes são nutrientes que não fornecem calorias e que não necessitam digestão para serem absorvidos já que são moléculas de tamanho pequeno, como exemplo temos as **vitaminas** e os **minerais**.

CARBOIDRATOS

São moléculas energéticas formadas basicamente por carbono, hidrogênio e oxigênio, e que se classificam de acordo com o tamanho da cadeia de carbonos e com sua digestibilidade.

Classificação dos principais carboidratos segundo o tamanho da molécula

Monossacarídeos	Dissacarídeos	Oligossacarídeos	Polissacarídeos
Formados por 1 unidade de monossacarídeo: • Glicose (dextrose) • Frutose • Galactose	Formados por 2 unidades de monossacarídeos: • Lactose • Maltose • Sacarose	Formados por 3 a 10 unidades de monossacarídeos: • Rafinose • Maltodextrina	Formados por mais de 10 unidades de monossacarídeos: • Amido • Fibras alimentares • Glicogênio

Os monossacarídeos são formados pela glicose, açúcar proveniente da quebra total de todos os carboidratos; pela frutose, açúcar encontrado nas frutas e proveniente da quebra da sacarose; e pela galactose, açúcar proveniente da quebra da lactose.

A glicose é considerada o carboidrato de mais rápida absorção. Cerca de 4 a 5 minutos após a ingestão, o monossacarídeo já se encontra disponível na corrente sanguínea para ser captado pelas células a fim de promover energia. A glicose é absorvida ao longo do intestino delgado pela proteína SLGT1 (sodium-glucose transporters) e penetra nas outras células através das proteínas GLUT (glucose transporters). A figura a seguir ilustra a absorção da glicose:

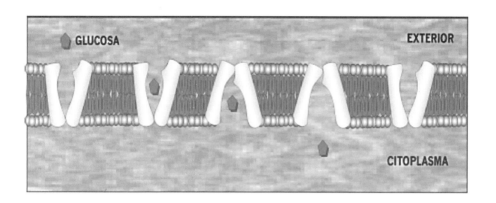

Proteínas transportadoras de glicose

Isoforma	Monossacarídeos transportados	Órgãos
SLGT 1	Glicose e galactose	Intestino delgado, néfron proximal
SLGT 2	Glicose e galactose	Néfron proximal
SLGT 3	Glicose e galactose	Não determinado
GLUT 1	Glicose e galactose	Néfron, barreira hematoencefálica e placentária, retina e eritrócitos
GLUT 2	Glicose, frutose e galactose	Células betapancreáticas, fígado, intestino e néfron proximal
GLUT 3	Glicose e galactose	Cérebro, placenta, retina e rins
GLUT 4	Glicose	Músculo esquelético e cardíaco
GLUT 5	Frutose	Jejuno, espermatozoide e rins
GLUT 6	Glicose	Cérebro, baço e leucócitos
GLUT 8	Glicose	Testículos e placenta
GLUT 9	Glicose	Rins e fígado
GLUT 10	Glicose	Fígado e pâncreas
GLUT 11	Glicose	Músculo esquelético e cardíaco
GLUT 12	Glicose	Músculo esquelético, tecido adiposo e intestino delgado
GLUT 13	Glicose	Cérebro

A glicose pode ser suplementada através da DEXTROSE, suplemento em pó que pode ser diluído em água ou em qualquer bebida, a fim de repor rapidamente os níveis glicêmicos após o treino. Para evitar desconforto, deve-se suplementar uma solução de 5% a 6% de dextrose.

O amido é a reserva de carboidratos nos vegetais, enquanto o glicogênio é a reserva energética nos seres animais, e é formado no fígado e no músculo a partir da glicose absorvida nessas células.

O glicogênio muscular é de longe o substrato mais importante utilizado durante o exercício anaeróbico de alta intensidade. Esse sistema fornece a energia do ATP para o exercício extenuante de alta intensidade quando o suprimento de oxigênio é inadequado ou a demanda de energia do exercício é maior que a capacidade do sistema aeróbico para prover ATP.

O glicogênio armazenado no fígado e nos músculos ativos fornece a maior parte da energia para o exercício aeróbico intenso. O prolongamento da duração deste exercício diminui as reservas de glicogênio do corpo, permitindo ao metabolismo da gordura suprir um percentual progressivamente maior de energia para os músculos a partir da mobilização do tecido adiposo e dos ácidos graxos do fígado. O glicogênio muscular pode ser exaurido em menos de uma hora de atividade muscular vigorosa. O glicogênio hepático serve como reservatório de glicose para os demais tecidos quando a glicose da alimentação não está disponível (entre as refeições ou durante o jejum) e isso é importante porque os neurônios cerebrais não utilizam os ácidos graxos como combustíveis. O glicogênio hepático pode ser exaurido em 12 a 24 horas. Nos humanos, a quantidade total de energia armazenada como glicogênio é muito menor do que a de energia armazenada como gordura.

A reação de síntese do glicogênio é catalisada pela enzima glicogênio-sintetase, enzima que tem sua atividade estimulada pelo hormônio pancreático insulina.

ÍNDICE GLICÊMICO (IG)

Segundo o Dr. David Jenkins, professor de Nutrição da Universidade de Toronto no Canadá, índice glicêmico é um parâmetro que mede a habilidade que 50g de carboidratos de um alimento tem em elevar a glicemia pós-prandial. Nota-se que alimentos pobres em fibras, em proteína e em gorduras têm índices glicêmicos altos, pois a velocidade de digestão e absorção destes alimentos é relativamente rápida, já os alimentos ricos em proteínas, fibras e gorduras apresentam índices glicêmicos baixos. O índice glicêmico de um alimento é considerado baixo quando o valor for igual ou inferior a 55; é considerado médio entre 56 e 65; e é considerado alto se o valor for maior que 65.

Os esportistas precisam repor rapidamente o suprimento de energia após uma sessão exaustiva de exercício, sendo assim se recomenda após o exercício uma refeição de alto índice glicêmico, e, antes do treino, podemos recomendar uma refeição de moderado a baixo índice glicêmico a fim de manter constante o suprimento energético.

Abaixo temos alguns exemplos de refeições:

Refeições de baixo índice glicêmico	Refeições de alto índice glicêmico
Arroz integral, feijão, bife de contrafilé, salada de alface com rúcula e tomate, limonada	Arroz branco, batatas cozidas, filé de peito de frango grelhado, salada de agrião com tomate e cebola, suco natural de laranja
Pão integral com azeite e orégano, queijo mussarela, iogurte com aveia em flocos	Banana com aveia, *corn-flakes* e mel, iogurte desnatado, pão francês com geleia

Os grupos alimentares de baixo índice glicêmico são os cereais, pães e massas integrais; leguminosas e oleaginosas; laticínios gordos e carnes.

Já os grupos alimentares de alto índice glicêmico são os pães e massas brancas, arroz branco, batata, mandioca e flocos de milho, além do grupo dos açúcares como o mel, caldo de cana, geleia, picolés de frutas e doces de frutas em calda, além dos sucos naturais concentrados de frutas.

CARGA GLICÊMICA

Define-se a carga glicêmica de um alimento por meio de um cálculo:

$$\text{IG do alimento} \times \text{quantidade de carboidrato na porção do alimento} / 100 = \frac{IG \times G}{100}$$

Para saber o IG do alimento, o leitor deve observar as tabelas em anexo e multiplicar pelo peso em gramas (g) do mesmo alimento e dividir o resultado por 100.

Os alimentos de baixa carga glicêmica têm seus valores iguais ou menores que 10; média carga quando estiverem entre 11 e 19; e alta carga glicêmica igual ou superior a 20. Indicam-se alimentos de alta carga glicêmica após o exercício para recuperar rapidamente os estoques de glicogênio e os de baixa ou moderada carga antes do treino para promover a manutenção da glicemia ao longo do exercício.

RECOMENDAÇÕES DE CARBOIDRATOS

O American College of Sports Medicine recomenda a ingestão de carboidratos entre 6 e 10g/kg de peso/dia. Durante o exercício, pode-se consumir 30 a 60g de carboidratos dos alimentos ou suplementos por hora de atividade a fim de melhorar a *performance*, de preferência a cada 10 a 30 minutos.

Após a atividade física se recomenda o consumo de 1,0 a 1,85g/kg de peso de carboidratos de alto índice glicêmico e alta carga glicêmica para recuperar rapidamente os estoques de glicogênio.

De acordo com BURKE *et al.*, em 2004, disponibilizo a tabela abaixo para um resumo dos requerimentos de carboidratos diários:

Evento intenso/único	Ingestão recomendada de carboidratos
Ótimo armazenamento de glicogênio nos músculos, recuperação pós-exercício ou abastecimento de carboidratos antes de um evento	7 a 10g/kg de peso/dia
Refeição pré-evento para aumentar a disponibilidade de carboidratos antes de uma sessão prolongada de treino	1 a 4g/kg de peso ingeridos de 1 a 4 horas antes do evento
Recuperação diária para atletas de resistência aeróbia, 1 a 3 horas de treinamento moderado a alto	7 a 10g/kg de peso/dia
Recuperação diária para atletas submetidos a treinos intensos com mais de 4 a 5 horas	12 a 14g/kg de peso/dia

LIPÍDEOS

São uma classe de compostos solúveis em solventes orgânicos e pouco solúveis em água, sua principal função é armazenar energia a longo prazo, e nos exercícios não seria diferente, pois, além de fornecerem energia em exercícios prolongados, ainda poupam a utilização de glicogênio, preservando o estoque e contribuindo de forma positiva na melhora da *performance*.

Abaixo vemos a classificação dos lipídeos:

Lipídeo	Exemplo
Simples	Ácidos graxos, triacilgliceraldeídos
Compostos	Fosfolipídeos, glicolipídeos, lipoproteínas
Derivados	Colesterol, hormônios esteroides

Os ácidos graxos podem ser classificados da seguinte maneira, como vemos abaixo:

Saturados	Monoinsaturados	Poli-insaturados
Não apresentam dupla ligação entre os carbonos na molécula	Apresentam 1 dupla ligação entre carbonos na molécula	Apresentam mais de uma dupla ligação entre carbonos na molécula
Ácido graxo esteárico, ácido graxo palmítico	Ácido graxo oleico	Ácido graxo linoleico (ômega 6), ácido graxo linolênico (ômega 3)
Manteiga, gordura de leite e queijos, pele de aves, toucinho	Azeite de oliva, abacate, oleaginosas	Peixes gordos, óleo de canola, milho, linhaça, soja e girassol, oleaginosas

O ômega 3 na dose de 1g a 6g diários parece aumentar o consumo máximo de oxigênio para o esportista, além de prevenir ou reduzir o dano muscular, porém, seu consumo deve estar associado à dieta equilibrada e orientada pelo nutricionista do esporte. Abaixo, segue uma tabela com alguns alimentos ricos em ômega 3:

Alimento (100g)	Teor em gramas de ômega 3
Sardinha	3,3
Arenque	1,6
Salmão	1,4
Atum	0,5
Linguado	0,2

Os lipídeos são o veículo de solubilização e absorção das vitaminas A, D, E e K, portanto, seu consumo deve ser entre 20% e 35% do valor calórico total de uma dieta, segundo o American College of Sports Medicine.

O Dietary Guidelines for Americans recomenda que sejam ingeridas as seguintes proporções de ácidos graxos: 10% do total calórico dos saturados, 10% a 15% de monoinsaturados e 10% de poli-insaturados, com destaque para os ácidos graxos essenciais (ômegas 3 a 6), sendo indicado 0,3g de ômega 6 para cada 1.000kcal e 0,03g de ômega 3 para cada 1.000kcal.

PROTEÍNAS

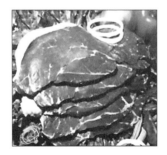 

São macronutrientes que contêm carbono, nitrogênio, oxigênio e hidrogênio, e suas unidades básicas são os aminoácidos.

Os aminoácidos são precursores de várias substâncias, por exemplo, neurotransmissores (serotonina), compostos nitrogenados (creatina e carnitina), hormônios da tireoide (tiroxina e triiodotironina) e bases nitrogenadas (purinas). O organismo humano consegue sintetizar alguns aminoácidos, os chamados dispensáveis, o restante é necessário ingerir pela alimentação e/ou suplementação, são os indispensáveis e os condicionalmente indispensáveis, conforme o quadro abaixo:

Indispensáveis	Condicionalmente indispensáveis	Dispensáveis
Isoleucina, lisina, leucina, valina, fenilalanina, treonina, triptofano, metionina	Glicina, prolina, tirosina, serina, cisteína, taurina, arginina, histidina e glutamina	Alanina, ácido aspártico, ácido glutâmico, asparagina

A **glutamina** é um aminoácido que possui propriedades metabólicas importantes no crescimento e na manutenção de células e tecidos, por exemplo, os rins processam a glutamina para favorecer a eliminação de amônia que em excesso se torna tóxica; já no sistema nervoso central, a glutamina é precursora do neurotransmissor ácido gama-amino-butírico. Os músculos são os maiores produtores de glutamina, e seu uso está destinado ao anabolismo muscular e ao seu efeito anticatabólico. Uma excelente fonte natural de glutamina é o soro do leite e o glúten, a proteína do trigo.

Os aminoácidos **leucina, valina** e **isoleucina** são os de cadeia ramificada, muito metabolizados pelo tecido muscular, para a síntese proteica e geração de glicose e de energia. Há um destaque especial para a leucina, que estimula a síntese proteica mais do que qualquer outro aminoácido.

Aminoácido de cadeia ramificada	Necessidades diárias (mg/kg de peso)
Isoleucina	10
Leucina	14
Valina	10

Diversos estudos enfatizam a importância da suplementação destes aminoácidos, um exemplo é a oferta de 77mg/kg de peso/dia para homens treinados no exercício resistido com pesos, houve diminuição da fadiga muscular e aumento da síntese proteica. Os aminoácidos de cadeia ramificada participam ativamente da síntese de glutamina, outro motivo que justificaria sua suplementação. O soro do leite (*whey protein*) chega a apresentar em 30g uma dose de 6g desses aminoácidos, sendo uma excelente alternativa.

WHEY PROTEIN

A composição especial da proteína do soro do leite oferece atividades biológicas que superam as propriedades de ser apenas uma fonte de aminoácidos de alta qualidade, ela é um dos poucos ingredientes capazes de modular a função imune tanto em cultura de células, quanto em modelos experimentais com animais. O soro do leite, *whey protein*, parece modular a função imune por induzir a produção de Glutatione (GSH) em diversos tecidos e preservando a reserva muscular de glutamina. GSH é a peça-chave do sistema de defesa antioxidante do organismo, que regula diferentes aspectos do sistema imune. A glutamina muscular é o combustível essencial do sistema imune. Logo, a incorporação de *whey* na dieta pode ajudar a promover uma boa imunidade e proteger a saúde de pessoas ativas de todas as idades, inclusive daquelas com uma deficiência imune.

Conteúdo em 100g de *whey* (fórmula comercial)

Aminoácido	WPC 80%	WPI
Triptofano	1,20g	1,50g
Treonina	5,36g	6,25g
Isoleucina	4,80g	5,90g
Leucina	8,08g	13,00g
Lisina	7,84g	9,15g
Metionina	1,60g	2,05g
Cisteína	2,72g	3,10g
Fenilalanina	2,48g	2,30g

Aminoácido	WPC 80%	WPI
Tirosina	2,24g	3,15g
Valina	4,45g	5,35g
Arginina	2,00g	2,65g
Histidina	1,20g	1,35g
Alanina	4,08g	6,00g
Ácido Aspártico	8,00g	9,00g
Ácido Glutâmico	13,28g	13,00g
Glicina	1,36g	2,35g
Prolina	5,12g	4,80g
Serina	4,08g	5,00g

Fonte: Dados obtidos dos certificados de análises e especificações fornecidas por produtores americanos de *whey*. Diferentes composições podem ser encontradas, favor consultar seu fornecedor para uma maior precisão.

Whey é rapidamente absorvido pelo organismo disponibilizando suplementação abundante de aminoácidos essenciais para órgãos e tecidos, de modo a estimular mecanismos musculares regenerativos. O consumo de 20g a 30g de WPI e WPC, junto com carboidratos antes e depois dos treinos físicos, pode ser a estratégia ideal para minimizar a supressão imune induzida pelo exercício, assim como melhorar a recuperação muscular. Estudos mostram efeitos benéficos no consumo diário de *whey* na dose de 20g/dia.

Segundo LEMON, pessoas envolvidas em treinos de resistência necessitam de 1,2g a 1,4g de proteína por quilograma de peso ao dia, enquanto atletas de força, 1,6g a 1,7g por kg de peso/dia, bem superior aos 0,8-1,0g por kg de peso/dia estabelecidos para indivíduos sedentários. A ingestão de proteína ou aminoácidos, após exercícios físicos, favorece a recuperação e a síntese proteica muscular. Além disso, quanto menor o intervalo entre o término do exercício e a ingestão proteica, melhor será a resposta anabólica ao exercício. Esmarck e colaboradores avaliaram o efeito da suplementação proteica (10g de proteínas provenientes do leite e da soja) em um grupo de 13 idosos, submetidos a programa de treinos resistidos com pesos, por 12 semanas.

Avaliando o ganho de força (repetições máximas e medidas de força dinâmica e isocinética) e a hipertrofia muscular (biópsia e ressonância magnética), observaram que o grupo que recebeu suplementação, logo após a realização da sessão de exercícios, apresentou um ganho significantemente maior de força e de hipertrofia muscular, quando comparado com o grupo que recebeu a suplementação proteica apenas 2 horas após a realização dos exercícios.

Outras proteínas que merecem destaque no mercado da suplementação são a albumina da clara de ovo e a caseína do leite, ambas de absorção lenta, ideais para períodos de privação alimentar como o sono, pelo fato de manterem constante o suprimento aminoacídico sanguíneo, favorecendo a síntese proteica.

Os alimentos-fonte de proteínas são os ovos, frango, carne vermelha, peixes, feijões e laticínios:

Clara de ovo (1 unidade)	3,5g
Ovo inteiro	6g
240ml de leite desnatado	8g
120g de hambúrguer bovino	30g
120g de peito de frango assado	35g
1/2 copo de feijão cozido	6g

VITAMINAS

Vitamina	Funções metabólicas	Alimentos-fonte	Recomendações Diárias Adultos – DRIS 2002/2005
B1 tiamina	Coenzima na produção e transferência de energia	Castanha de caju, pistache, carne de porco, presunto	1,2mg
B2 riboflavina	Transporte mitocondrial de elétrons no catabolismo dos macronutrientes para geração de energia	Fígado de boi, levedo de cerveja, queijo cottage, ostra	1,3mg

Vitamina	Funções metabólicas	Alimentos-fonte	Recomendações Diárias Adultos – DRIS 2002/2005
B3 niacina	Reações oxidativas da glicose, aminoácidos e ácidos graxos	Levedo de cerveja, bife de fígado, amendoim, frango	16mg
B5 ácido pantotênico	Liberação de energia a partir dos macronutrientes	Bife de fígado, sementes de girassol, salmão, frango	5mg
B6 piridoxina	Coenzima no metabolismo proteico, lipídico e glicídico	Bife de fígado, salmão, frango, banana	1,7mg
B7 biotina	Gliconeogênese, síntese de ácidos graxos, catabolismo proteico	Amendoim, avelãs, ovo e grão-de-bico	30mcg
B9 ácido fólico	Divisão celular, síntese de ácido ribonucleico (RNA) e síntese de ácido desoxirri-bonucleico (DNA)	Levedo de cerveja, bife de fígado, lentilhas, quiabo	400mcg
B12 cianoco-balamina	Síntese de maturação das hemácias, transferência e produção de energia	Bife de fígado, mariscos, ostras, peixes* *encontrada somente em alimentos de origem animal	2,3mcg
Vitamina A	Divisão celular, manutenção da acuidade visual, antio-xidante	Bife de fígado, cenoura, ba-tata-doce, espinafre	900mcg
Vitamina D	Absorção de cálcio e fósforo, síntese de insulina, controle da pressão arterial	Sardinha, ostra, camarão e salmão	10mcg
Vitamina E	Antioxidante	Óleo de germe de trigo, óleo de girassol, avelã, amendoim	15mg
Vitamina K	Coagulação sanguínea, for-mação óssea	Couve-de-bruxelas, espinafre, couve-flor e brócolis	120mcg
Vitamina C	Antioxidante, formação de colágeno	Acerola, laranja, pimentão cru, goiaba	90mg

MINERAIS

Mineral	Funções metabólicas	Alimentos-fonte	Recomendações Diárias Adultos – DRIS 2002/2005
Cálcio	Contração muscular, formação óssea	Laticínios, brócolis, espinafre, sardinha, couve	1.200mg
Fósforo	Síntese de adenosina trifosfato (ATP)	Peixes, ostras, bife de fígado, nozes	700mg
Magnésio	Oxidação da glicose, contração muscular, absorção de cálcio	Peixes, brócolis, espinafre, oleaginosas	420mg
Ferro	Síntese de hemoglobina e mioglobina, proteínas responsáveis pelo transporte de oxigênio, produção de energia	Fígado, frango, peixes, feijões	15mg
Selênio	Antioxidante	Castanha-do-pará, peixes, frutos do mar, bife de fígado	55mcg
Cobre	Antioxidante	Oleaginosas, levedo de cerveja, bife de fígado, ostras	900mcg
Cromo	Absorção de glicose muscular	Levedo de cerveja, ostras, fígado, aveia	35mcg
Manganês	Antioxidante	Avelãs, damasco, oleaginosas e fígado	2,3mg
Zinco	Antioxidante, síntese de DNA e RNA, sistema imunológico	Ostras, fígado, feijões e aveia	15mg

CREATINA

É um composto nitrogenado sintetizado no fígado, rins e pâncreas a partir de 3 aminoácidos: arginina, glicina e metionina.

A creatina é armazenada nos músculos e no cérebro na forma livre ou na forma fosforilada como creatina fosfato. Sua principal função é ressintetizar adenosina trifosfato (ATP), fornecendo assim energia para as contrações rápidas musculares, melhorando a força muscular.

Durante o processo de contração muscular, o ATP utilizado para a geração de energia é quebrado pela enzima ATPase em uma reação muito rápida.

O ADP resultante é prontamente regenerado, a partir da CP, pela ação de outra enzima, a creatina-quinase (CK). Esta reação, livremente reversível, está invertida durante o repouso, no sentido de favorecer a regeneração da CP, usando a energia disponível por meio do processo oxidativo que ocorre dentro da mitocôndria, sugerindo-se que a taxa inicial de recuperação da CP seria proporcional à taxa mitocondrial de consumo de oxigênio.

Além da creatina ser produzida no organismo, ela pode ser encontrada em alguns alimentos:

Alimento	Teor de creatina (g/100g do alimento)
Arenque	1,0
Carne suína	0,5
Carne bovina	0,45
Salmão	0,45

SUPLEMENTAÇÃO DE CREATINA

Inúmeros estudos preconizaram protocolos de suplementação de creatina na faixa de 0,03g/kg de peso/dia antes do exercício juntamente com carboidrato, e a grande maioria dos trabalhos mostrou resultados satisfatórios sobre o efeito ergogênico da creatina no esporte.

Considerando que não seria viável elevar a ingestão de creatina por meio de alimentos, devido à sua baixa concentração (2 a 4 gramas por quilograma de carne), a hipótese que justificaria o uso da suplementação desta amina preconiza a elevação do estoque de CP no músculo com uma sobrecarga de creatina. O aumento na concentração intramuscular deste substrato facilitaria a ressíntese imediata de ATP. Consequentemente, isto levaria ao aumento do desempenho, uma vez que a manutenção da atividade física de alta intensidade é limitada pela redução do conteúdo de ATP.

Os atletas estudados que foram suplementados com creatina apresentaram melhores resultados, principalmente nos esportes que requerem atividades de alta intensidade. O mecanismo pelo qual a suplementação de creatina aumenta o rendimento pode estar diretamente relacionado com o aumento nos níveis de creatina fosfato (PCr) no período de repouso e uma maior ressíntese de PCr durante a recuperação. Portanto, a suplementação com creatina pode trazer benefícios para atletas de alto rendimento, principalmente nos esportes de alta intensidade, como na diminuição da fadiga muscular durante os treinamentos, possibilitando a realização das sessões de treinamento com intensidades mais elevadas.

Saldanha Aoki e colaboradores protocolaram uma dose de sobrecarga, com 20g de creatina divididos em 4 doses durante 5 dias para 21 homens em treinamento de força por 5 anos que não utilizavam nenhum suplemento. Na fase posterior foram suplementados 2g de creatina. O tempo de recuperação entre as séries de exercícios foi menor no grupo suplementado com creatina, comprovando a eficácia desse composto nitrogenado em melhorar a *performance*.

Smith *et al.* realizaram um estudo com um grupo de 5 indivíduos jovens (idade média de 30 anos) e 4 adultos (média de 58 anos), os quais foram suplementados com creatina (0,3 g/kg/d) por 5 dias. Antes da suplementação, os jovens tinham uma concentração de CP muscular e taxa inicial de ressíntese significativamente maior do que os adultos. Após a suplementação, a concentração de CP em repouso aumentou em 15% nos jovens e 30% nos adultos, resultando em ambos os grupos em uma taxa inicial similar de ressíntese de CP.

A creatina é encontrada principalmente nas formas monoidratada e metil-éster, em suplementos que contenham apenas creatina ou associada a carboidratos e estimulantes pré-treino.

Efeitos colaterais deletérios da creatina ainda precisam ser mais investigados, pois os resultados ainda são inconclusivos, especula-se que o excesso de creatina possa sobrecarregar os rins.

BETAALANINA: CARNOSINA COMO REDUTOR DE FADIGA MUSCULAR?

A carnosina é sintetizada primordialmente no músculo esquelético a partir dos aminoácidos L-histidina e betaalanina em uma reação catalisada pela enzima carnosina sintase. Encontrada em alguns tipos de carne, a carnosina pode ser obtida pela dieta, mas não é absorvida em sua forma íntegra para a corrente sanguínea, já que a enzima carnosinase, presente no aparelho digestório, rapidamente hidrolisa o dipeptídeo.

O músculo esquelético não produz nenhum dos precursores da carnosina, já que a histidina é um aminoácido essencial e a betaalanina tem sua síntese endógena restrita aos hepatócitos. Dessa forma, a síntese de carnosina é dependente da captação desses aminoácidos pelas células musculares.

A carnosina tem efeito tamponante e redutor de fadiga muscular, e nós temos uma quantidade muito maior de histidina na corrente sanguínea quando comparado à betaalanina, portanto, seria indicada a suplementação de betaalanina a fim de aumentar a produção muscular de carnosina, e assim reduzir a fadiga muscular em esportistas. A betaalanina não sintetiza proteínas, ao contrário de outros aminoácidos, e sua produção se limita apenas ao fígado.

Em vista disso, HARRIS, TALLON, DUNNETT e colaboradores investigaram se a suplementação de betaalanina seria capaz de aumentar o conteúdo intramuscular de carnosina. Os autores testaram três diferentes doses diárias: 40mg/kg, 20mg/kg e 10mg/kg. Foi verificado que a dose maior resulta em um elevado pico de betaalanina sanguínea, o qual está relacionado com sintomas intensos de parestesia (sintoma neurológico caracterizado por sensação de "formigamento"), que se iniciaram cerca de 20 minutos após a ingestão e duraram cerca de 1 hora.

A dose intermediária, de 20mg/kg, também levou a sintomas semelhantes, porém, muito menos intensos e até certo ponto suportáveis. Paralelamente, o pico sanguíneo de betaalanina em resposta à dose intermediária também foi moderado. Já a dose de 10mg/kg produziu sintomas semelhantes, mas em intensidade muito menor e com frequência de ocorrência igualmente menor. Essa dose também produziu apenas um discreto pico de betaalanina sanguínea. Esses dados indicam que a dose única máxima tolerável é de 10mg/kg de peso corporal.

Fica claro que a suplementação de betaalanina é eficiente em reduzir a fadiga em exercícios de alta intensidade e curta duração que levam a uma queda do pH, porém, são necessárias mais investigações para se obter o total entendimento desse novo recurso ergogênico.

HMB

O β-hidroxi-β-metilbutirato é um metabólito da leucina estudado devido aos seus efeitos anticatabólicos e possíveis implicações sobre os ganhos de força e massa muscular associados ao treinamento contrarresistência.

Estudos feitos em animais mostraram que o HMB é sintetizado, primeiramente, a partir do α-cetoisocaproato (KIC) no fígado, ou seja, um subproduto do metabolismo da leucina. Aproximadamente 5% da leucina oxidada é convertida em HMB, além de ser produzida endogenamente no fígado de animais e humanos. O HMB pode ser encontrado nos alimentos de origem animal e vegetal, como, por exemplo, alfafa, toranja, peixe bagre e até mesmo no leite materno, estando também disponível comercialmente como um suplemento nutricional.

Jówko e colaboradores conduziram um estudo duplo-cego controlado e randomizado com três semanas de duração, no qual indivíduos iniciando treinamento contrarresistência foram divididos em quatro grupos: placebo, creatina (20g/dia durante a 1ª semana e 10g/dia nas duas seguintes), HMB (3g/dia) ou HMB + creatina. Ao final do período de treinamento contrarresistência e suplementação, todos os grupos ganharam força (p<0,05); entretanto, os ganhos foram maiores no grupo HMB + creatina (71,6kg), tendo sido de 57,3kg no grupo creatina, 58,9 no HMB e 19,7kg no placebo. Quanto à massa livre de gordura, avaliada por bioimpedância, os sujeitos no grupo HMB + creatina também obtiveram ganhos significantemente maiores do que aqueles nos grupos que receberam apenas creatina ou HMB (2,4kg *versus* 1,8kg e 1,2kg, respectivamente). O grupo HMB não demonstrou maiores ganhos de massa livre de gordura, quando comparado ao placebo.

Embora pesquisas adicionais sejam necessárias, grande parte dos estudos disponíveis sugere que a suplementação de 3,0g/dia de HMB pode favorecer os ganhos de força e hipertrofia muscular em sujeitos jovens destreinados, iniciando um programa de treinamento contrarresistência. Contudo, tais efeitos parecem não se manter significativos após o primeiro mês de treinamento contrarresistência e suplementação.

ANEXOS

	página
Fortalecendo a região abdominal e o tronco – movimento na roda de exercícios	142
Fortalecendo a cintura escapular – sequência de movimentos sobre a bola suíça	143
Fortalecendo a cintura pélvica – movimentos com tensão elástica	144
Fortalecendo o joelho e o quadril	146
Fortalecendo o quadril	148
Fortalecendo os extensores do cotovelo	151
Fortalecendo os flexores do cotovelo	154
Fortalecendo os flexores e rotadores do pescoço	155
Sequência de exercícios que podem ser estáticos ou dinâmicos em um treinamento de força	157
Desenvolvimento – cintura escapular	165
Supino vertical – cintura escapular	166
Propriocepção da cintura escapular	167
Fortalecendo os posteriores do corpo	170
Tabela Internacional de Índice Glicêmico (IG) e Carga Glicêmica (CG) – rev. 2002	172

FORTALECENDO A REGIÃO ABDOMINAL E O TRONCO – MOVIMENTO NA RODA DE EXERCÍCIOS

- Fase inicial do movimento;
- O executante deve manter-se com tronco e cotovelo imóveis;
- Manter a roda de exercícios fixa e segura;
- Projetar o tronco à frente em velocidade relativamente lenta.

- Fase final da projeção do tronco;
- Início da extensão do ombro.

- Fase de retorno;
- Indivíduos que apresentam tríceps hipotônico não conseguirão bom desempenho e a amplitude do movimento deve ser reduzida.

- Fase final do movimento;
- O movimento também pode ser feito com sobrecarga adicional, desde que todos os cuidados sejam tomados.

FORTALECENDO A CINTURA ESCAPULAR – SEQUÊNCIA DE MOVIMENTOS SOBRE A BOLA SUÍÇA

- Sustentação isométrica do corpo com apoio na bola;
- Musculatura posterior: braços, cintura escapular, lombar e cintura pélvica;
- O movimento requer muita força dos ombros e lombar, não aconselhável ao iniciante.

- Fase inicial;
- Exercício de apoio ao solo com flexão dos cotovelos.

- Fase intermediária.

- Fase final;
- Exercício de apoio ao solo com extensão dos cotovelos.

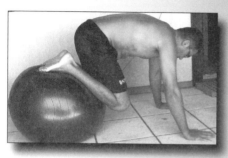

- Flexão do quadril;
- Podendo ser executado sem os movimentos dos cotovelos.

FORTALECENDO A CINTURA PÉLVICA – MOVIMENTOS COM TENSÃO ELÁSTICA

- Fase inicial;
- Manter a tensão do elástico;
- O executante pode movimentar-se em qualquer direção;
- Giros podem ser feitos;
- Deslocamentos laterais irão solicitar mais dos músculos abdutores;
- Executar por tempo determinado.

↪ Fase final;

↪ Deslocamento posterior e anterior das pernas;

↪ Atletas de capoeira podem se beneficiar deste movimento.

↪ Posição de descanso;

↪ O elástico pode ser usado também na linha dos joelhos.

- O movimento pode ser feito com sombra ou não;
- Pode ser feito com carga nas mãos e por tempo determinado.

FORTALECENDO O JOELHO E O QUADRIL

- Fase inicial;
- O atleta deve ser ajudado na hora de subir no implemento;
- A superfície da bola não é totalmente estável.

- Fase final;
- O trabalho pode ser isométrico ou dinâmico.

- Fase inicial;
- Agachamento com flexão dos ombros;
- O trabalho pode ser isométrico ou dinâmico.

- Fase intermediária;
- Manter o controle estático do tronco.

- Fase final;
- Retornar os joelhos e ombros sempre com controle do movimento.

FORTALECENDO O QUADRIL

- Fase inicial;
- Flexão da coxa;
- Cargas elevadas interferem diretamente na qualidade do movimento.

- Fase intermediária;
- Trabalho deve ser apenas dinâmico.

➥ Fase final.

➥ Fase inicial;
➥ Movimento de abdução na máquina.

➥ O trabalho pode ser isométrico ou dinâmico.

⇨ Variação de postura durante o movimento.

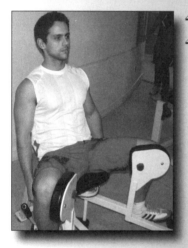

⇨ Fase inicial;
⇨ Trabalho de abdução na máquina.

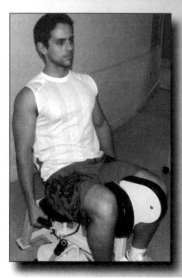

⇨ Fase intermediária;
⇨ O trabalho pode ser isométrico ou dinâmico.

FORTALECENDO OS EXTENSORES DO COTOVELO

- Trabalho dinâmico ou isométrico;
- Musculatura posterior de tronco atua como estabilizador.

- Executar repetições mantendo o mesmo padrão postural.

- Variação na sobrecarga.

- Apoio sobre a bola suíça;
- O trabalho pode ser isométrico;
- Alto grau de dificuldade.

- Alto grau de dificuldade;
- O executante pode manter-se em movimento ou em isometria por poucos segundos.

- Fase inicial;
- Extensão dos cotovelos na máquina;
- Exercício dinâmico.

- Fase intermediária do movimento.

↪ Vista lateral da fase intermediária do movimento.

↪ Fase inicial;
↪ Extensão do cotovelo no Pulley alto.

↪ Fase final;
↪ Pode ser feito com séries curtas com sobrecarga elevada ou em um treinamento de *endurance* com cargas baixas.

FORTALECENDO OS FLEXORES DO COTOVELO

- Posição inicial com as mãos em supinação;
- Pode ser feito com séries curtas e com sobrecarga elevada ou em um treinamento de *endurance* com cargas baixas.

- Fase intermediária;
- Pode ser dinâmico ou isométrico.

- Posição inicial com uma mão em supinação e outra em pronação;
- Pode ser feito com séries curtas e com sobrecarga elevada ou em um treinamento de *endurance* com cargas baixas.

- Fase intermediária;
- Pode ser dinâmico ou isométrico;
- As séries devem ser em número par, para a troca do posicionamento das mãos ser igual.

⇨ Posição inicial com as mãos em pronação;

⇨ Pode ser feito com séries curtas e com sobrecarga elevada ou em um treinamento de *endurance* com cargas baixas.

⇨ Fase intermediária;
⇨ Pode ser dinâmico ou isométrico.

FORTALECENDO OS FLEXORES E ROTADORES DO PESCOÇO

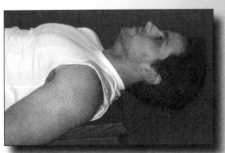

⇨ Posição inicial;
⇨ Deitar em um *step* ou mesa e manter a cabeça e o pescoço sem apoio;
⇨ Nessa fase o exercício pode ser dinâmico ou estático.

- Fazer a flexão do pescoço respeitando a amplitude máxima do executante;
- Exercício deve ser feito no treinamento de *endurance*;
- Sobrecarga adicional pode ser perigosa.

- Mandar o executante olhar lateralmente;
- Manter o padrão fisiológico do movimento, não exceder os limites do movimento.

- Séries longas são as mais indicadas.

- Fase final do movimento;
- Posição final.

SEQUÊNCIA DE EXERCÍCIOS QUE PODEM SER ESTÁTICOS OU DINÂMICOS EM UM TREINAMENTO DE FORÇA

- Fase inicial;
- Trabalho de sustentação com apoio dos pés na bola suíça.

- Fase intermediária;
- O exercício pode ser estático ou dinâmico, mantendo a sustentação do tronco.

- Fase final;
- Cuidados devem ser tomados na fase excêntrica do movimento.

↪ Fase inicial;
↪ Adução horizontal no *crossover*;
↪ Fase intermediária com isometria de 2 segundos.

↪ Vista lateral.

↪ Fase inicial;
↪ Puxada aberta na máquina.

- Fase intermediária;
- O exercício pode ser dinâmico ou estático.

- Fase inicial;
- Trabalho isométrico com extensão do cotovelo.

- Fase inicial;
- Trabalho isométrico com flexão do cotovelo.

- Desenvolvimento + flexão e extensão do cotovelo.
- Não deve ser praticado com carga muito elevada.

- Flexão e extensão do cotovelo, mantendo os deltoides em isometria.

- Vista frontal;
- Sombra com halter pesado;
- O movimento pode ser feito por sessões controladas ou com carga menor em *endurance*.

- Vista lateral;
- O atleta pode socar um alvo imaginário ou sua própria imagem refletida em um espelho;
- Pode acompanhar deslocamento ou não.

- Fase inicial;
- Exercício de *pullover* reto.

- *Pullover* reto com barra e apoio toracolombar na bola;
- Evitar hiperextensão do tronco.

⇨ Fase inicial;
⇨ Supino com apoio toracolombar na bola.

⇨ Fase final.

⇨ Fase inicial;
⇨ Máquina de adução horizontal dos braços;
⇨ Solicita participação do bíceps braquial, mas é prescrito unicamente para peitoral.

↪ Fase intermediária do movimento.

↪ Vista lateral mostrando o ângulo inicial do movimento.

↪ Fase inicial e final do movimento;
↪ Crucifixo com halter e apoio dorsal na bola suíça.

- Fase intermediária do movimento;
- O executante pode manter o cotovelo fletido ou não, dependendo unicamente do seu grau de desenvolvimento motor ou da intensidade desejada.

- Abdução de braços sentado na bola;
- Não apresenta dificuldade.

- Exercício de remada sentada com tensão elástica;
- Solicita participação da musculatura paravertebral;
- Pode ser feito com abdução horizontal dos braços.

DESENVOLVIMENTO – CINTURA ESCAPULAR

- Fase inicial;
- Desenvolvimento na máquina;
- Não requer estabilização.

- Fase intermediária com extensão total dos cotovelos.

- Desenvolvimento com halter sentado na bola;
- Não apresenta grande dificuldade, mas utiliza estabilizadores posturais.

SUPINO VERTICAL – CINTURA ESCAPULAR

- Supino vertical na máquina;
- Não apresenta dificuldade motora para iniciantes.

- Exercício de supino vertical com tensão elástica na bola suíça;
- A maior dificuldade encontrada pelo executante é manter a estabilização do tronco durante o movimento;
- Solicitação da musculatura abdominal na estabilização;
- Precisa de auxílio para fixar o elástico em posição posterior ao tronco.

- Supino reto com apoio toracolombar na bola suíça.

⇝ Fase inicial.

⇝ Fase final do movimento.

PROPRIOCEPÇÃO DA CINTURA ESCAPULAR

⇝ Vista lateral;
⇝ Exercício proprioceptivo com apoio pélvico sobre a bola suíça.

- Vista posterior;
- Solicita número reduzido de músculos na estabilização do corpo;
- O executante deve variar o posicionamento do braço para ajudar a estabilização.

- Apoio ao solo em 2 apoios;
- Elevado grau de dificuldade;
- Usado como exercício para abdominais, contudo usa grande número de músculos na estabilização da postura.

- Trabalho isométrico para fortalecimento da cintura pélvica, tríceps e quadrados lombares.

- Trabalho de equilíbrio proprioceptivo;
- Tentar manter o tronco estabilizado.

- Trabalho proprioceptivo de equilíbrio;
- Com apoio do antebraço a dificuldade não será muito alta;
- 2 pontos de apoio.

- Trabalho proprioceptivo de equilíbrio;
- Com extensão do cotovelo;
- Pés afastados, o aumento na base reduz a dificuldade;
- 3 pontos de apoio.

- Trabalho proprioceptivo de equilíbrio;
- Com apenas 2 apoios (mão e pé), o exercício apresenta grau elevado de dificuldade;
- A dificuldade pode ser aumentada apenas em fechar os olhos.

FORTALECENDO OS POSTERIORES DO CORPO

- Manter os pés em apoio na bola e as escápulas no colchonete.

- Fazer uma extensão total do tronco.

- Executar a flexão simultânea das pernas;
- Exercício pode ser dinâmico ou estático.

- Fase inicial;
- Hiperextensão do tronco no *step*.

- Fase final;
- O movimento não deve ser executado por atletas não treinados para o movimento.

- Fase inicial;
- Crucifixo invertido com halter e apoio abdominal e pélvico na bola;
- O afastamento dos pés aumenta a estabilidade durante o movimento.

- Fase final;
- O exercício pode ser estático ou dinâmico.

TABELA INTERNACIONAL DE ÍNDICE GLICÊMICO (IG) E CARGA GLICÊMICA (CG) – REVISADA – 2002 [1,*]

Nº do Alimento	Item	IG [2] Glicose = 100	Porção (gramas)	CG [3] por porção
	PRODUTOS DE PADARIA			
	Bolos			
1	Bolo de claras (Loblaw's, Toronto, Canadá)	67	50	19
2	Bolo de banana feito com açúcar	47±8	80	18
3	Bolo de banana feito sem açúcar	55±10	80	16
4	Bolo de chocolate (feito com mistura de pacote) com merengue de chocolate	38±3	111	20
5	Minibolo com glacê de morango (Squiggles, Farmland, Grocery Holdings, Tooronga, Vic, Austrália)	73±12	38	19
6	Lamingtons (pedaço de pão-de-ló mergulhado em chocolate e coco) (Farmland, Grocery Holdings, Austrália)	87±17	50	25
7	Bolo inglês (Sara Lee Canadá, Bramalea, Canadá)	54	53	15
8	Pão-de-ló plano	46±6	63	17
9	Bolo de baunilha (feito com mistura de pacote) com merengue de baunilha (Betty Crocker, EUA)	42±4	111	24
10	Croissant (Food City, Toronto, Canadá)	67	57	17
11	Crumpet – bolo fino assado em grelha (Dempster's Corporate Foods Ltd., Etobicoke, Canadá)	69	50	13
12	Sonho, tipo bolo (Loblaw's, Canadá)	76	47	17
13	*Flan cake* – bolo com pudim (Padaria Weston's, Toronto, Canadá)	65	70	31
14	**Bolinho tipo muffin**			
	Maçã, feito com açúcar [4,*]	44±6	60	13
	Maçã, feito sem açúcar [4,*]	48±10	60	9
	Maçã, aveia, uva sultana, feito de mistura de pacote (Defiance Milling Co., Acacia Ridge, Qld, Austrália)	54±4	50	14
	Damasco, coco e mel, feito de mistura de pacote (Defiance Milling Co., Austrália)	60±4	50	16
	Banana, aveia e mel, feito de mistura de pacote (Defiance Milling Co., Austrália)	65±11	50	17

---

*   Notas explicativas ao final da tabela (p. 239).

Nº do Alimento	Item	IG [2] Glicose = 100	Porção (gramas)	CG [3] por porção
	Farelo de cereais (Culinar Inc., Grandma Martin's Muffins, Aurora, Canadá)	60	57	15
	Mirtilo (Culinar Inc., Canadá)	59	57	17
	Cenoura (Culinar Inc., Canadá)	62	57	20
	Sabor bala de chocolate, manteiga e caramelo, feito de mistura de pacote (Defiance Milling Co., Austrália)	53±5	50	15
	Bolinho de fubá, baixa amilase [5]	102	57	30
	Bolinho de fubá, alta amilase [5]	49		
	Farinha de aveia, muffin, feito de mistura (Quaker Oats Co. of Canadá, Peterborough, Canadá)	69	50	24
15	Panquecas preparadas com mistura batida (Green's General Foods, Glendenning, NSW, Austrália)	67±5	80	39
16	Panquecas, trigo-mouro, sem glúten, feito de mistura de pacote (Orgran Natural Foods, Can-um Downs, Vic, Austrália)	102±11	77	22
17	Folhado	59±6	57	15
18	Muffins tipo pikelets, Golden brand (Padarias Tip Top, Chatswood, NSW, Austrália)	85±14	40	18
19	Broinhas, simples, feitas de mistura de pacote (Defiance Milling Co., Austrália)	92±8	25	8
20	Panquecas tipo waffle, Aunt Jemima (Quaker Oats Co. of Canadá)	76	35	10
	BEBIDAS			
21	Coca Cola®			
	Coca Cola®, refrigerante (Coca Cola Amatil, Sidney, NSW, Austrália)	53±7	250	14
	Coca Cola®, refrigerante/bebida gasosa (Coca Cola Bottling Company, Atlanta, GA, EUA)	63	250	16
	Média de dois tipos	58±5		
22	Bebida estimulante, laranja, reconstituída (Berri Ltd., Berri, SA, Austrália)	66±8	250	13
23	Fanta®, refrigerante de laranja (Coca Cola Amatil, Austrália)	68±6	250	23
24	Lucozade®, original – bebida gasosa com glicose (Glaxo Wellcome Ltd., Uxbridge, Middlesex, Reino Unido)	95±10	250	40
25	Vitamina de framboesa (Con Agra Inc., Omaha, NE, EUA)	33±9	250	14
26	Vitamina de soja e banana (So Natural Foods, Tarren Point, NSW, Austrália) [6]	30±3	250	7

Nº do Alimento	Item	IG [2] Glicose = 100	Porção (gramas)	CG [3] por porção
27	Vitamina de soja e avelã achocolatada (So Natural Foods, Austrália) [6]	34±3	250	8
28	Solo™, soda limonada, refrigerante (Cadbury Schweppes, Sidney, NSW, Austrália) [6]	58±5	250	17
29	Up & Go, sabor chocolate e malte (líquido para o café da manhã, feito de leite de soja e cereal de arroz) [6] (Sanitarium Health Foods, Berkeley Vale, NSW, Austrália)	43±5	250	11
30	Up & Go, sabor original de malte (líquido para o café da manhã, feito de leite de soja e cereal de arroz) [6] (Sanitarium Health Foods, Austrália)	46±5	250	11
31	Xpress, chocolate (bebida com extrato de soja, cereal e legumes, adoçado com frutose) [6] (So Natural Foods, Austrália)	39±2	250	13
	Sucos			
32	**Suco de maçã**			
	Suco de maçã, puro, não adoçado, reconstituído (Berri Ltd., Berri, SA, Austrália)	39±5		
	Suco de maçã não adoçado	40		
	Suco de maçã não adoçado (Allens, Toronto, Canadá)	41		
	Média de três estudos	40±1	250	22
33	Suco de maçã, puro, transparente, não adoçado (Wild About Fruit, Wandin, Vic, Austrália)	44±2	250	13
34	Suco de maçã, puro, turvo, não adoçado (Wild About Fruit, Austrália)	37±3	250	10
35	Suco de maçã e cereja, puro, não adoçado (Wild About Fruit, Austrália)	43±3	250	14
36	Suco de cenoura, fresco (Sidney, Austrália) [6]	43±3	250	10
37	Coquetel com suco de amora (Ocean Spray®, Melbourne, Vic, Austrália)	52±3	250	16
38	Coquetel com suco de amora (Ocean Spray® Inc., Lakeville-Middleboro, MA, EUA)	68±3	250	24
39	Bebida à base de suco de amora, Ocean Spray® (Gerber Ltd., Bridgewater, Somerset, Reino Unido)	56±4	250	16
40	Suco de pomelo, não adoçado (Sunpac, Toronto, Canadá)	48	250	11
41	**Suco de laranja**			
	Suco de laranja (Canadá)	46±6		

Nº do Alimento	Item	IG [2] Glicose = 100	Porção (gramas)	CG [3] por porção
	Suco de laranja, não adoçado, reconstituído (Quelch® , Berri Ltd., Carlton, Vic, Austrália)	53±6		
	Média de dois estudos	50±4	250	13
42	Suco de abacaxi, não adoçado (Dole Packaged Foods, Toronto, Canadá)	46	250	16
43	Suco de tomate, enlatado, sem adição de açúcar (Berri Ltd., Berri, SA, Austrália) [6]	38±4	250	4
44	Yakult® , bebida feita de leite fermentado com *Lactobacilus casei* (Yakult, Dandenong, Vic, Austrália)	46±6	65	6
	Bebidas esportivas			
45	Gatorade® (Spring Valley Beverages Pty Ltd., Cheltenham, Vic, Austrália)	78±13	250	12
46	Isostar® (Novartis Consumer Health, Nyon, Suíça)	70±15	250	13
47	Sports Plus® (Berri Ltd., Berri, SA, Austrália)	74±6	250	13
48	Sustagen Sport® (Mead Johnson, Rydalmere, NSW, Austrália)	43±9	250	21
	Bebidas feitas de mistura de pó			
49	Build-Up™, bebida enriquecida com nutrientes, sabor baunilha com fibras, (Nestlé, Sidney, NSW, Austrália)	41±4	250	14
50	Mistura Complete Hot Chocolate, feita com água quente (Nestlé, Austrália)	51±3	250	11
51	Mistura de bebida energética Hi-Pro, baunilha, contendo proteína de soja e pó de soro de leite (Harrod foods, Sefton, NSW, Austrália) misturado com leite de vaca desnatado	36±3	250	7
52	Pó de leite maltado em leite de vaca integral (Nestlé, Austrália)	45±3	250	12
53	**Milo™ (pó para bebida sabor chocolate enriquecido com nutrientes)**			
	Milo™ (Nestlé, Austrália) dissolvido em água	55±3	250	9
	Milo™ (Nestlé, Auckland, Nova Zelândia) dissolvido em água	52±5	250	9
	Média de dois estudos	54±2		
	Milo™ (Nestlé, Austrália) dissolvido em leite de vaca integral	35±2	250	9
	Milo™ (Nestlé, Nova Zelândia) dissolvido em leite de vaca integral	36±3	250	9
	Média de dois estudos	36±1		
54	Nutrimeal™, bebida de substituição de refeições, sabor chocolate holandês (EUAna, Salt Lake City, UT, EUA)	36±3	250	4

N° do Alimento	Item	IG [2] Glicose = 100	Porção (gramas)	CG [3] por porção
55	Quik™ (pó doce para bebida)			
	Quik™, chocolate (Nestlé, Sidney, NSW, Austrália), dissolvido em água	53±5	250	4
	Quik™, chocolate (Nestlé, Austrália), dissolvido em leite desnatado	41±4	250	5
	Quik™, morango (Nestlé, Austrália), dissolvido em água	64±8	250	5
	Quik™, morango (Nestlé, Austrália), dissolvido em leite desnatado	35±3	250	4
	PÃES			
56	Pão em forma de anel tipo bagel, branco, congelado (Padaria Lender's, Montreal, Canadá)	72	70	25
57	Baguete, branca, simples (França)	95±15	30	15
58	Baguete francesa com pasta de chocolate (França)	72±8	70	27
59	Baguete francesa com manteiga e geleia de morango (França)	62±7	70	26
60	*Pain au lait* – pãezinhos doces (Pasquier, França)	63±10	60	20
61	Pão recheado, Paxo (Campbell Soup Co Ltd., Toronto, Canadá)	74	30	16
	Pães de Cevada			
62	Pão de grãos brutos de cevada, 75%-80% de grãos			
	75% grãos	27	30	5
	80% grãos integrais e queimados (20% farinha de trigo branca)	34	30	7
	80% grãos integrais (20% farinha de trigo branca)	40	30	8
	Média de três estudos	34±4		
63	Pão de grãos de cevada, 50% de grãos			
	50% grãos (Canadá)	43	30	9
	50% cevada moída (Austrália)	48	30	10
	Média de três estudos	46±2	30	9
64	Pão de cevada e girassol (Padarias Riga, Sidney, NSW, Austrália)	57±6	30	6
65	Pães com farinha de cevada			
	100% farinha de cevada (Canadá); composição de pão de centeio	67	30	9
	Pão de farinha integral de centeio (80%) e de farinha de trigo branca (20%) (Suécia)	67	30	13
	Pão de farinha integral de centeio, liso, fino, macio (50% de farinha de centeio regular, 50% farinha de centeio com alto teor de fibras) (Suécia)	50	30	7

N° do Alimento	Item	IG [2] Glicose = 100	Porção (gramas)	CG [3] por porção
	Pão de farinha integral de centeio, liso, fino, macio (20% de farinha de centeio regular, 80% farinha de centeio com alto teor de fibras) (Suécia)	43	30	5
66	**Pães de farinha integral de centeio (80%) e farinha de trigo branca (20%) – Fermentados ou com adição de ácidos ou sais orgânicos (Suécia)**			
	Pão de farinha integral de centeio (usado como referência para os 5 pães abaixo) [5]	70	30	14
	Pão de farinha integral de centeio com levedura (ácido lático) [5]	53	30	10
	Pão de farinha integral de centeio com ácido lático [5]	66	30	12
	Pão de farinha integral de centeio com lactato de cálcio [5]	59	30	12
	Pão de farinha integral de centeio com propionato de sódio [5]	65	30	13
	Pão de farinha integral de centeio com grande quantidade de propionato de sódio [5]	57	30	11
	Pão com trigo-mouro			
67	Pão com trigo-mouro, 50% de grãos descascados e 50% de farinha de trigo branca (Suécia)	47	30	10
	Pães de frutas			
68	Pão de forma de frutas Bürgen™ (Padarias Tip Top, Chatswood, NSW, Austrália)	44±5	30	6
69	Pão de forma Fruit and Spice (frutas e temperos), com fatias grossas (Padarias Buttercup, Moorebank, NSW, Austrália)	54±6	30	6
70	Pão de forma com frutas continentais, pão de trigo com frutas secas (Austrália)	47±6	30	7
71	Happiness™ (pão de canela, uva-passa, noz-pecã) (Natural Ovens, Manitowoc, WI, EUA)	63±5	30	9
72	Pão de cereais com nozes e frutas secas, feito com mistura de pacote, em máquina de pão (Con Agra Inc., EUA)	54±6	30	7
73	Pãozinho de hambúrguer (Loblaw's, Toronto, Canadá)	61	30	9
74	Pãezinhos Kaiser (Loblaw's, Canadá)	73	30	12
75	Melba toast (torradinha seca e crocante), Old London (Best Foods Canada Inc., Etobicoke, Canadá)	70	30	16
	Pães sem glúten			
76	Pão sem glúten, com vários tipos de grãos (Padarias Country Life, Dandenong, Vic, Austrália)	79±13	30	10

Nº do Alimento	Item	IG [2] Glicose = 100	Porção (gramas)	CG [3] por porção
77	Pão branco sem glúten, não fatiado (amido de trigo sem glúten) (Reino Unido)	71	30	11
	Pão branco sem glúten, fatiado (amido de trigo sem glúten) (Reino Unido)	80	30	12
	Média de dois estudos	76±5	30	11
78	Enriquecido com fibras, sem glúten, não fatiado (amido de trigo sem glúten, farelo de soja) (Reino Unido)	69	30	9
	Enriquecido com fibras, sem glúten, fatiado (amido de trigo sem glúten, farelo de soja) (Reino Unido)	76	30	10
	Média de dois estudos	73±4	30	9
	Pão de aveia			
79	Pão de cevada com grãos de aveia não refinados, 80% de grãos de aveia intactos e 20% de farinha de trigo branca (Suécia)	65	30	12
	Pães com farelo de aveia			
80	50% de farelo de aveia (Austrália)	44	30	8
81	45% de farelo de aveia e 50% de farinha de trigo (Suécia)	50	30	9
	Média de dois estudos	47±3	30	9
	Pães de arroz			
82	Pão de arroz, com arroz Calrose com baixo teor de amilase (PadariaPav's Allergy, Ingleburn, NSW, Austrália)	72±9	30	8
83	Pão de arroz, com arroz Doongara com alto teor de amilase (Padaria Pav's Allergy, Austrália)	61±9	30	7
	Pães de centeio			
84	**Pumpernickel – pão de grãos de centeio, de origem alemã**			
	Pão com grãos de centeio não refinados, 80% de grãos intactos e 20% de farinha de trigo branca (Suécia)	41	30	5
	Pão com grãos de centeio (Pumpernickel) (Canadá)	41	30	5
	Pumpernickel com grãos integrais (Holtzheuser Brothers Ltd., Toronto, Canadá)	46	30	5
	Pão com grãos de centeio, Pumpernickel (80% de centeio) (Canadá)	55	30	7
	Tipo coquetel, fatiado (Kasselar Food Products, Toronto, Canadá)	55	30	7
	Tipo coquetel, fatiado (Kasselar Food Products, Canadá)	62	30	8
	Média de seis estudos	50±4	30	6

Nº do Alimento	Item	IG [2] Glicose = 100	Porção (gramas)	CG [3] por porção
85	Pães de centeio integral			
	Pão de centeio integral (Canadá)	41		
	Pão de centeio integral (Canadá)	62		
	Pão de centeio integral (Canadá)	63		
	Pão de centeio integral (Canadá)	66		
	Média de quatro estudos	58±6	30	8
	Pães de centeio especiais			
86	Blackbread (pão preto), Riga (Padaria Berzin's Specialty, Sidney, NSW, Austrália)	76±14	30	10
87	Bürgen™ centeio escuro/suíço (Padarias Tip Top, Austrália)	55±12		
	Bürgen™ centeio escuro/suíço (Padarias Tip Top, Austrália)	74±6		
	Média de dois estudos	65±10	30	7
88	Pão Klosterbrot, integral, de centeio (Padaria Dimpflmeier Ltd., Canadá)	67	30	9
89	Centeio light (Padaria Silverstein's, Toronto, Canadá)	68	30	10
90	Centeio e linhaça (Rudolph's Specialty Bakery Ltd., Toronto, Canadá)	55	30	7
91	Pão de centeio Roggenbrot, Vogel's (Stevns & Co, Sidney, NSW, Austrália)	59±5	30	8
92	Pão de presunto Schinkenbrot, Riga (Padaria Berzin's Specialty, Sidney, NSW, Austrália)	86±15	30	12
93	Levedura de centeio (Canadá)	57		
	Levedura de centeio (Austrália)	48		
	Média de dois estudos	53±5	30	6
94	Pão tipo Volkornbrot, pão de centeio integral (Padaria Dimpflmeier Ltd., Canadá)	56	30	7
	Pães de trigo			
95	Pão de grãos de trigo não refinados, 80% de grãos intactos e 20% de farinha de trigo branca (Suécia)	52	30	10
96	**Pão de grãos de trigo partidos (bulgur)**			
	50% de grãos de trigo partidos (Canadá)	58	30	12
	75% de grãos de trigo partidos (Canadá)	48	30	10
	Média de dois estudos	53±3	30	11

Nº do Alimento	Item	IG[2] Glicose = 100	Porção (gramas)	CG[3] por porção
	Pães de trigo tipo spelt			
97	Pão branco de trigo spelt [9] (Eslovênia)	74	30	17
98	Pão integral de trigo spelt [9] (Eslovênia)	63	30	12
99	Pão de grãos de trigo spelt torrados [9] (Eslovênia)	67	30	15
100	Spelt multigrain bread® – pão multigrãos com trigo spelt (Padaria Pav's, Austrália)	54±10	30	7
101	**Pão de farinha de trigo branca**			
	Farinha branca (Canadá)	69±5	30	10
	Farinha branca (EUA)	70	30	10
	Farinha branca, Sunblest™ (Padarias Tip Top, Austrália)	70	30	10
	Farinha branca (Dempster's Corporate Foods Ltd., Canadá)	71	30	10
	Farinha branca (África do Sul)	71±7	30	9
	Farinha branca (Canadá)	71	30	10
	Média de seis estudos	70±0	30	10
102	Pão branco de farinha de trigo, duro, torrado (italiano)	73	30	11
103	Wonder™, pão branco enriquecido (Interstate Brands Companies, Kansas City, MO, EUA)	71±9		
	Wonder™, pão branco enriquecido (Interstate Brands Companies, EUA)	72±4		
	Wonder™, pão branco enriquecido (Interstate Brands Companies, EUA)	77±3		
	Média de três estudos	73±2	30	10
104	Pão turco branco (Turquia)	87	30	15
	Pão branco com inibidores de enzima			
105	Pão branco + acarbose (200mg) (México)	18	30	3
	Pão branco + acarbose (200mg) (México)	50	30	8
	Média em dois grupos de indivíduos	34±16	30	6
106	Pãozinho branco + 3mg de trestatin (inibidor pancreático de alfa-amilase) (Suíça) [5]	48	30	6
107	Pãozinho branco + 6mg de trestatin (Suíça) [5]	29	30	4

Nº do Alimento	Item	IG [2] Glicose = 100	Porção (gramas)	CG [3] por porção
	Pães brancos com fibra solúvel			
108	Pão branco + 15g de fibra psyllium (*Plantago psyllium*) (México)	41	30	7
	Pão branco + 15g de fibra psyllium (*Plantago psyllium*) (México)	65	30	11
	Média em dois grupos de indivíduos	53±12	30	9
109	Pão branco consumido com vinagre, na forma de vinagrete (Suécia)	45	30	7
110	Pão branco consumido com alga marinha seca em pó (Nori alga) (Espanha)	48	30	7
111	Pão branco contendo Eurylon® (amido de milho com alto teor de amilase) (França) [12]	42	30	8
	Pão branco enriquecido com fibras			
112	Branco, com alto teor de fibras (Dempster's Corporate Foods Ltd., Canadá)	67		
113	Branco, com alto teor de fibras (Padaria Weston's, Toronto, Canadá)	69		
	Média de dois estudos	68±1	30	9
	Pão branco enriquecido com amido resistente			
114	Fibre White™ (Nature's Fresh, Auckland, Nova Zelândia)	77±10	30	11
115	Wonderwhite™ (Padarias Buttercup, Austrália)	80±8	30	11
116	**Pão integral de trigo, com farinha de trigo integral**			
	Farinha de trigo integral (Canadá)	52	30	6
	Farinha de trigo integral (Canadá)	64	30	8
	Farinha de trigo integral (Canadá)	65	30	8
	Farinha de trigo integral (Canadá)	67	30	8
	Farinha de trigo integral (Canadá)	67	30	8
	Farinha de trigo integral (Canadá)	69	30	8
	Farinha de trigo integral (Canadá)	71	30	8
	Farinha de trigo integral (Canadá)	72±6	30	8
	Farinha de trigo integral (EUA) [5]	73	30	10
	Farinha de trigo integral (África do Sul)	75±9	30	9
	Farinha de trigo integral (Padarias Tip Top, Austrália)	77±9	30	9
	Farinha de trigo integral (Padarias Tip Top, Austrália)	78±16	30	9

Nº do Alimento	Item	IG [2] Glicose = 100	Porção (gramas)	CG [3] por porção
	Farinha de trigo integral (Quênia)	87	30	11
	Média de treze estudos	71±2	30	9
117	Pão turco integral	49	30	8
	Pães de trigo especiais			
118	Pão Bürgen® Mixed Grain – pão de mistura de grãos (Austrália) Bürgen® Mixed Grain (Padarias Tip Top, Chatswood, NSW, Austrália)	34±4		
	Bürgen® Mixed Grain	45±12		
	Bürgen® Mixed Grain	69±6		
	Média de três estudos	49±10	30	6
119	Bürgen® Oat Bran & Honey Loaf with Barley – pão de forma com cevada, de farelo de aveia e mel (Padarias Tip Top, Austrália)	31±3	30	3
120	Bürgen® Soy-Lin (soja-linho), pão de forma de soja moída (8%) e semente de linho (8%) (Padarias Tip Top, Austrália)	36±4	30	3
121	English Muffin™ – pãozinho tipo muffin (Natural Ovens, EUA)	77±7	30	11
122	Healthy Choice™ Hearty 7 Grain – pão de sete grãos (Con Agra Inc., EUA)	55±6	30	8
123	Healthy Choice™ Hearty 100% Whole Grain – pão de grãos integrais (Con Agra Inc., EUA)	62±6	30	9
124	Helga's™ Classic Seed Loaf – pão de forma com sementes clássicas (Padarias Quality, Sidney, NSW, Austrália)	68±9	30	9
125	Helga's™ pão integral tradicional (Padarias Quality, Austrália)	70±14	30	9
126	Hunger Filler™, pão com grãos integrais (Natural Ovens, EUA)	59±8	30	7
127	Molenberg™ (Goodman Fielder, Auckland, Nova Zelândia)	75±10		
	Molenberg™ (Goodman Fielder, Nova Zelândia)	84±8		
	Média de dois estudos	80±5	30	11
128	9-Grain Multi-Grain – pão com 9 tipos de grão (Padarias Tip Top, Austrália)	43±5	30	6
129	Multigrain Loaf, farinha de trigo tipo spelt (Austrália)	54±10	30	8
130	Multigrain (50% grãos de trigo moídos) (Austrália)	43	30	6
131	Nutty Natural™, pão com grãos integrais (Natural Ovens, EUA)	59±7	30	7
132	Performax™ (Padarias Country Life, Dandenong, Vic, Austrália)	38±3	30	5
133	Ploughman's™ Who legrain – pão com grãos integrais, receita original (Padarias Quality, Austrália)	47	30	7

Nº do Alimento	Item	IG[2] Glicose = 100	Porção (gramas)	CG[3] por porção
134	Ploughman's™ Wholemeal – pão com grãos integrais, moídos uniformemente (Quality Bakers, Austrália)	64±10	30	9
135	Pão de sêmola (Quênia)	64		
136	Levedo de trigo (Austrália)	54	30	8
137	Pão de soja e semente de linho (feito com mistura de pacote, na máquina de pão) (Con Agra Inc., EUA)	50±6	30	5
138	Stay Trim™, pão de grãos integrais (Natural Ovens, EUA)	70±10	30	10
139	Pão de sementes de girassol e cevada, marca Riga (Padarias Berzin's Specialty, Austrália)	57±6	30	7
140	Vogel's Mel & Aveia (Stevns & Co., Sidney, NSW, Austrália)	55±5	30	8
141	Vogel's Roggenbrot – pão de centeio (Stevns & Co., Austrália)	59±5	30	8
142	Pão para lanche com trigo integral (Ryvita Co Ltd., Poole, Dorset, Reino Unido)	74	30	16
143	Pão 100% Whole Grain™ – pão de grãos integrais (Natural Ovens, EUA)	51±11	30	7
144	Pão chato tostado, de farinha de trigo branca (Suécia)	79	30	13
	Pães ázimos			
145	Pão libanês, branco (Padaria Seda, Sidney, NSW, Austrália)	75±9	30	12
146	Pão chato tostado do Meio Oriente	97±29	30	15
147	Pão árabe, branco (Canadá)	57	30	10
148	Pão chato tostado de farinha de trigo (Índia)	66±9	30	10
149	Amaranto: trigo (25:75) pão chato tostado composto de farinha (Índia)	66±10	30	10
150	Amaranto: trigo (50:50) pão chato tostado composto de farinha (Índia)	76±20	30	11
	CEREAIS MATINAIS E PRODUTOS RELACIONADOS			
151	All-Bran™ (cereal de farelo de trigo prensado, com alto teor de fibras)			
	All-Bran™ (Kellogg's, Pagewood, NSW, Austrália) [13]	30	30	4
	All-Bran™ (Kellogg's, Battle Creek, MI, EUA)	38	30	9
	All-Bran™ (Kellogg's Inc., Etobicoke, Canadá)	50	30	9
	All-Bran™ (Kellogg's Inc., Canadá)	51±5	30	9
	Média de quatro estudos	42±5		

Nº do Alimento	Item	IG [2] Glicose = 100	Porção (gramas)	CG [3] por porção
152	All-Bran Fruit'n Oats – frutas e aveia™ (Kellogg's, Austrália)	39	30	7
153	All-Bran Soy'n Fibre – soja e fibra™ (Kellogg's, Austrália)	33±3	30	4
154	Amaranto (*Amaranthus esculentum*) estourado, consumido com leite e adoçante não-nutritivo (Índia)	97±19	30	18
	Mingau de cevada			
155	Mingau de farinha de cevada integral (100% de cevada regular) (farinha:água = 1:3), cozido em água fervente por 2,5min (Suécia)	68	50 (seco)	23
156	Mingau de farinha de cevada integral com alto teor de fibras (50% farinha de cevada regular : 50% farinha de cevada com alto teor de fibras) (Suécia)	55	50 (seco)	8
157	Mingau de cevada feito com flocos de cevada cozidos em água fervente a vapor, finos (0,5mm) e descascados (Suécia)	62	50 (seco)	17
158	Mingau de cevada feito com flocos de cevada cozidos em água fervente a vapor, grossos (1,0mm) e descascados (Suécia)	65	50 (seco)	18
159	Bran Buds™ (Kellogg's Inc., Canadá) [15]	58	30	7
160	Bran Buds com fibras psyllium (Kellogg's Inc., Canadá) [15]	47	30	6
161	Bran Chex™ (Nabisco Brands Ltd., Toronto, Canadá) [15]	58	30	11
162	Bran Flakes™ (Kellogg's, Austrália)	74	30	13
163	Cheerios™ (General Mills Inc., Etobicoke, Canadá) [15]	74	30	15
164	Chocapic™ (Nestlé, França)	84±9	30	21
165	**Coco Pops™ – arroz inflado com sabor de achocolatado**			
	Coco Pops™ (Kellogg's, Austrália)	77±8		
	Coco Pops™ (Kellogg's, Austrália)	77±3		
	Média de dois estudos	77	30	20
166	Corn Bran™ (Quaker Oats Co. of Canadá, Peterborough, Canadá) [15]	75	30	15
167	Corn Chex™ (Nabisco Brands Ltd., Canadá) [15]	83	30	21
168	**Cornflakes™ (flocos de milho)**			
	Cornflakes™ (Kellogg's, Auckland, Nova Zelândia)	72±16	30	18
	Cornflakes™ (Kellogg's, Austrália)	77	30	20
	Cornflakes™ (Kellogg's Inc., Canadá)	80±6	30	21
	Cornflakes™ (Kellogg's Inc., Canadá)	86	30	22

Nº do Alimento	Item	IG [2] Glicose = 100	Porção (gramas)	CG [3] por porção
	Cornflakes™ (Kellogg's, EUA) [5]	92	30	24
	Média de cinco estudos	81±3	30	21
169	Cornflakes, com alto teor de fibras (Presidents Choice, Sunfresh Ltd., Toronto, Canadá) [15]	74	30	17
170	Cornflakes, Crunchy Nut™ (Kellogg's, Austrália)	72±4	30	17
171	Corn Pops™ (Kellogg's, Austrália)	80±4	30	21
172	Cream of Wheat™ (Nabisco Brands Ltd., Canadá) [15]	66	250	17
173	Cream of Wheat™, instantâneo (Nabisco Brands Ltd., Canadá) [15]	74	250	22
174	Crispix™ (Kellogg's Inc., Canadá) [15]	87	30	22
175	Energy Mix™ (Quaker, França)	80±7	30	19
176	Froot Loops™ (Kellogg's, Austrália)	69±9	30	18
177	Frosties™, flocos de milho cobertos por açúcar (Kellogg's, Austrália)	55	30	15
178	Fruitful Lite™ (Hubbards, Auckland, Nova Zelândia)	61±20	30	12
179	Fruity-Bix™, frutinhas (Sanitarium, Auckland, Nova Zelândia)	113±10	30	25
180	Golden Grahams™ (General Mills Inc., Canadá) [15]	71	30	18
181	Golden Wheats™ (Kellogg's, Austrália)	71±8	30	16
182	Grapenuts™			
	Grapenuts™ (Post, Kraft General Foods Inc., Toronto, Canadá) [15]	67	30	13
	Grapenuts™ (Kraft Foods Inc., Port Chester, NY, EUA)	75±6	30	16
	Média de dois estudos	71±4	30	15
183	Grapenuts™ Flakes (Post, Kraft General Foods Inc., Canadá) [15]	80	30	17
184	Guardian™ (Kellogg's, Austrália)	37±9	30	5
185	Healthwise™ para a saúde do intestino (Uncle Toby's, Wahgunyah, Vic, Austrália)	66±9	30	12
186	Healthwise™ para a saúde do coração (Uncle Toby's, Austrália)	48±5	30	9
187	Honey Rice Bubbles™ (Kellogg's, Austrália)	77±4	30	20
188	Honey Smacks™ (Kellogg's, Austrália)	71±10	30	16
189	Cereal quente, maçã e canela (Con Agra Inc., EUA)	37±6	30	8
190	Cereal quente, sem adição de sabores (Con Agra Inc., EUA)	25±5	30	5
191	Just Right™ (Kellogg's, Austrália)	60±15	30	13
192	Just Right Just Grains™ (Kellogg's, Austrália)	62±11	30	14

Nº do Alimento	Item	IG [2] Glicose = 100	Porção (gramas)	CG [3] por porção
193	Komplete™ (Kellogg's, Austrália)	48±5	30	10
194	Life™ (Quaker Oats Co., Canadá) [15]	66	30	16
195	Mini Wheats™, trigo integral (Kellogg's, Austrália)	58±8	30	12
196	Mini Wheats™, cassis (Kellogg's, Austrália)	72±10	30	15
	Muesli			
197	Muesli, NS (Canadá)	66±9	30	16
198	Muesli dos Alpes (Wheetabix, França)	55±10	30	10
199	Muesli, sem glúten (Freedom Foods, Cheltenham, Vic, Austrália) com leite desnatado	39±6	30	7
200	Muesli, Lite – baixo teor calórico (Sanitarium, Nova Zelândia)	54±12	30	10
201	Muesli, Natural (Sanitarium, Nova Zelândia)	57±9	30	11
202	Muesli, Natural (Sanitarium, Austrália)	40±6	30	8
	Média de dois estudos	49±9	30	10
203	Muesli, Sem Nome (Sunfresh Ltd., Toronto, Canadá) [15]	60	30	11
204	Muesli, fórmula suíça (Uncle Toby's, Austrália)	56±8	30	9
205	Muesli, torrado (Purina, Sidney, NSW, Austrália)	43+4	30	7
206	Nutrigrain™ (Kellogg's, Austrália)	66±12	30	10
207	Oat'n Honey Bake™ (Kellogg's, Austrália)	77±11	30	13
208	**Farelo de aveia**			
	Farelo de aveia, cru (Quaker Oats Co., Canadá) [15]	50	10	2
	Farelo de aveia, cru	59	10	3
	Média de dois estudos	55±5	10	3
209	**Mingau feito de flocos de aveia**			
	Mingau (Uncle Toby's, Austrália) [13]	42	250	9
	Mingau (Canadá) [16]	49±8	250	11
	Aveia tradicional de mingau (Lowan Whole Foods, Box Hill, Vic, Austrália)	51±8	250	11
	Mingau (Hubbards, Nova Zelândia)	58±9	250	12
	Mingau (Austrália)	58±4	250	12
	Mingau (Canadá)	62	250	14
	Mingau (Canadá)	69	250	16

Nº do Alimento	Item	IG [2] Glicose = 100	Porção (gramas)	CG [3] por porção
	Mingau (EUA) [6]	75	250	17
	Média de dois estudos	58±4	250	13
210	Mingau de farinha de aveia integral (farinha:água = 1:3), cozido em água fervente por 2,5min (Suécia)	74	50 (seco)	24
211	Mingau de aveia com flocos de aveia grossos (1,0mm) e descascados (Suécia)	55	250	15
212	Mingau de aveia com flocos de aveia torrados, finos (0,5mm) e descascados (Suécia)	69	250	19
213	Mingau de aveia com flocos de aveia torrados, grossos (1,0mm) e descascados (Suécia)	50	250	14
214	Mingau de aveia com flocos de aveia torrados, cozidos em água fervente a vapor, finos (0,5mm) e descascados (Suécia)	80	250	22
215	Mingau de aveia com flocos de aveia torrados, cozidos em água fervente a vapor, grossos (1,0mm) e descascados (Suécia)	53	250	14
216	**Mingau instantâneo**			
	Quick Oats – aveia rápida (Quaker Oats Co., Canadá)	65		
	One Minute Oats – aveia um minuto (Quaker Oats Co., Canadá) [15]	66		
	Média de dois estudos	66±1	250	17
217	Pop Tarts™, Double Chocolate (Kellogg's, Austrália)	70±2	50	25
218	Pro Stars™ (General Mills Inc., Canadá) [15]	71	30	17
219	**Trigo inflado**			
	Puffed Wheat – trigo inflado (Quaker Oats Co., Canadá) [15]	67	30	13
	Puffed Wheat – trigo inflado (Sanitarium, Austrália)	80±11	30	17
	Média de dois estudos	74±7	30	16
220	Raisin Bran™ (Kellogg's, EUA)	61±5	30	12
221	Red River Cereal (Maple Leaf Mills, Toronto, Canadá)	49	30	11
222	Rice Bran, prensado (Rice Growers Co-Operative Ltd., Leeton, NSW, Austrália)	19±3	30	2
223	**Rice Bubbles™ (arroz inflado)**			
	Rice Bubbles™ (Kellogg's, Austrália) [13]	81		
	Rice Bubbles™ (Kellogg's, Austrália)	85±3		
	Rice Bubbles™ (Kellogg's, Austrália)	95		
	Média de três estudos	87±4	30	22

Nº do Alimento	Item	IG [2] Glicose = 100	Porção (gramas)	CG [3] por porção
224	Rice Chex™ (Nabisco Brands Ltd., Canadá) [15]	89	30	23
225	Rice Krispies™ (Kellogg's Inc., Canadá) [15]	82	30	21
226	**Trigo triturado**		30	22
	Trigo triturado (Canadá)	67±10	30	13
	Shredded Wheat™ (Nabisco Brands Ltd., Canadá) [15]	83	30	17
	Média de dois estudos	75±8	30	15
	Special K™ – a formulação desse cereal varia em diferentes países			
227	Special K™ (Kellogg's, Austrália)	54±4	30	11
228	Special K™ (Kellogg's, EUA)	69±5	30	14
229	Special K™ (Kellogg's, França)	84±12	30	20
230	Soy Tasty™ – grãos flocados, soja tipo aperitivo, frutas secas (Sanitarium, Austrália)	60±5	30	12
231	Soytana™, Vogel's, farelo crocante de soja e semente de linho, com uvas sultanas (20,1g de fibras por 100g), (Specialty Cereals, Mt Kuring-gai, NSW, Austrália)	49±3	45	12
232	Sultana Bran™ (Kellogg's, Austrália)	73±13	30	14
233	Sustain™ (Kellogg's, Austrália) [13]	68	30	15
234	Team™ (Nabisco Brands Ltd., Canadá) [15]	82	30	17
235	Thank Goodness™ (Hubbards, Nova Zelândia)	65±18	30	15
236	Total™ (General Mills Inc., Canadá) [15]	76	30	17
237	Ultra-bran™, Vogel's, cereal de farelo de trigo prensado, soja e semente de linho (30,2g de fibras por 100g) (Specialty Cereals, Austrália)	41±4	30	5
238	Wheat-bites™ (Uncle Toby's, Austrália)	72±11	30	18
239	**Biscoitos de trigo (trigo em flocos, simples)**			
	Vita-Brits™ (Uncle Toby's, Austrália) [13]	61	30	12
	Vita-Brits™ (Uncle Toby's, Austrália)	68±6	30	13
	Weet-Bix™ (Sanitarium, Austrália)	69	30	12
	Weet-Bix™ (Sanitarium, Austrália)	69±4	30	12
	Weetabix™ (Weetabix of Canadá Ltd., Thornhill, Canadá) [15]	74	30	16
	Weetabix™ (Weetabix of Canadá Ltd.)	75±10	30	16

Nº do Alimento	Item	IG [2] Glicose = 100	Porção (gramas)	CG [3] por porção
	Goldies™, de trigo integral (Kellogg's, Austrália)	70±4	30	14
	Média de sete estudos	70±2	30	13
	Biscoitos de trigo (trigo em flocos) com ingredientes adicionais			
240	Good Start™, biscoito de trigo e muesli (Sanitarium, Austrália)	68±4	30	14
241	Hi-Bran Weet-Bix™, biscoito de trigo com farelo de trigo extra (Sanitarium, Austrália)	61±4	30	10
242	Hi-Bran Weet-Bix™ com soja e semente de linho (Sanitarium, Austrália)	57±3	30	9
243	Honey Goldies™ (Kellogg's Austrália)	72±3	30	15
244	Lite-Bix™, simples, sem adição de açúcar (Sanitarium, Austrália)	70±3	30	14
245	Farelo de aveia Weet-Bix™ (Sanitarium, Austrália)	57±4	30	11
246	Sultana Goldies™ (Kellogg's Austrália)	65±6	30	13
	BARRAS DE CEREAL MATINAL			
247	Barra Crunchy Nut Cornflakes™ (Kellogg's, Austrália)	72±6	30	19
248	Barra Fibre Plus™ (Uncle Toby's, Austrália)	78±9	30	18
249	Barra Fruity-Bix™, frutas e nozes, cereal de biscoito de trigo com frutas secas e nozes com cobertura de iogurte (Sanitarium, Austrália)	56±4	30	10
250	Barra Fruity-Bix™ de frutas silvestres, cereal de biscoito de trigo com frutas e com cobertura de iogurte (Sanitarium, Austrália)	51±4	30	9
251	Barra K-Time Just Right™ (Kellogg's, Austrália)	72±4	30	17
252	Barra K-Time Strawberry Crunch™ (Kellogg's, Austrália)	77±5	30	19
253	Barra Rice Bubble Treat™ (Kellogg's, Austrália)	63±11	30	15
254	Barra Sustain™ (Kellogg's, Austrália)	57±10	30	14
	GRÃOS DE CEREAL			
	Amaranto			
255	Amaranto (*Amaranthus esculentum*) estourado, consumido com leite e adoçante não-nutritivo (Índia)	97±19	30	21
	Cevada			
256	Cevadinha (cevada em pequenos grãos)			
	Cevada, em pequenos grãos (Canadá)	22		
	Cevada (Canadá)	22		

189

Nº do Alimento	Item	IG [2] Glicose = 100	Porção (gramas)	CG [3] por porção
	Cevada, panela, cozida em água salgada por 20min (Gouda's foods, Concord, Canadá)	25±2		
	Cevada (Canadá)	27		
	Cevada, em pequenos grãos (Canadá)	29		
	Média de cinco estudos	25±1	150	11
257	Cevada (*Hordeum vulgare*) (Índia)	37		
	Cevada (*Hordeum vulgare*) (Índia)	48		
	Média de dois grupos de indivíduos	43±6	150	26
258	Cevada, quebrada (Malthouth, Tunísia)	50	150	21
259	Cevada, laminada (Austrália)	66±5	50 (seco)	25
260	**Trigo-mouro**			
	Trigo-mouro (Canadá)	49		
	Trigo-mouro (Canadá)	51±10		
	Trigo-mouro (Canadá)	63		
	Média de três estudos	54±4	150	16
261	Trigo-mouro pilado, tratado hidrotermalmente, descascado, cozido em água fervente por 12min (Suécia)	45	150	13
	Milho			
262	Milho (Zea Mays), farinha transformada para chapatti (Índia)	59		
263	Refeição à base de mingau/papa de milho (Quênia)	109		
264	**Farinha de milho**			
	Farinha de milho, cozida em água salgada por 2min (McNair Products Co. Ltd., Toronto, Canadá)	68	150	9
	Farinha de milho + margarina (McNair Products Co. Ltd., Canadá)	69	150	9
	Média de dois estudos	69±1	150	9
265	**Milho verde**			
	Milho verde, variedade "Honey & Pearl" (Nova Zelândia)	37±12	150	11
	Milho verde, na espiga, cozida por 20min (Austrália)	48	150	14
	Milho verde (Canadá)	59±11	150	20
	Milho verde (EUA)	60	150	20
	Milho verde (EUA)	60	150	20

Nº do Alimento	Item	IG [2] Glicose = 100	Porção (gramas)	CG [3] por porção
	Milho verde (África do Sul)	62±5	150	20
	Média de cinco estudos	53±4	150	17
266	Milho verde, grãos integrais, enlatados, embalagem para dieta, drenados (Featherweight, EUA)	46	150	13
267	Milho verde, congelado, reaquecido em micro-ondas (Green Giant Pillsbury Ltd., Toronto, Canadá)	47	150	16
268	Massa de taco, feita de farinha de milho, assada (Old El Paso Foods Co., Toronto, Canadá)	68	20	8
	Cuscuz			
269	Cuscuz, cozido em água fervente por 5min (Near East Food Products Co., Leominster, MA, EUA)	61		
	Cuscuz, cozido em água fervente por 5min (Tunísia)	69		
	Média de dois estudos	65±4	150	23
	Painço			
270	Painço, cozido em água fervente (Canadá)	71±10	150	25
271	Mingau de farinha de painço (Quênia)	107		
	Arroz branco			
272	Arroz arbório, para risoto, cozido em água fervente (Sun Rice brand, Rice Growers Co-Op., Austrália)	69±7	150	36
273	Branco (Oryza sativa), cozido em água fervente (Índia)	69±15	150	30
274	Arroz branco cozido, não especificado			
	Tipo não especificado, consumido cozido em água fervente (França)	45	150	14
	Tipo não especificado (Índia)	48	150	18
	Tipo não especificado (Canadá)	51	150	21
	Tipo não especificado (França)	52	150	19
	Tipo não especificado (Canadá)	56	150	23
	Tipo não especificado (Paquistão)	69	150	26
	Tipo não especificado (Canadá)	72±9	150	30
	Tipo não especificado, cozido em água fervente em água salgada (Índia)	72	150	27
	Tipo não especificado, cozido em água fervente por 13min (Itália)	102	150	31
	Tipo não especificado (Quênia)	112	150	47

Nº do Alimento	Item	IG [2] Glicose = 100	Porção (gramas)	CG [3] por porção
	Tipo não especificado, cozido em água fervente (França)	43	150	13
	Tipo não especificado, cozido em água fervente (França)	47	150	14
	Média de 12 estudos	64±7	150	23
275	Tipo não especificado, cozido em água fervente salgada, refrigerado por 16-20h, reaquecido (Índia)	53	150	20
276	Tipo não especificado, cozido em água fervente por 13min e, então, assado por 10min (Itália)	104	150	31
277	Grão longo, cozido			
	Grão longo, cozido em água fervente por 5min (Canadá)	41	150	16
	Grão longo, branco, sem modificações, cozido em água fervente por 15min (Mahatma brand, Riviana Foods, Wetherill Park, NSW, Austrália)	50	150	21
	Grão longo, pequeno (Dainty Food Inc., Toronto, Canadá)	55	150	22
	Grão longo, branco (Uncle Bens, Auckland, Nova Zelândia)	56±7	150	24
	Grão longo, cozido em água fervente por 25min (Suriname)	56±2	150	24
	Gem Grão longo (Dainty Food Inc., Canadá)	57	150	23
	Grão longo, cozido em água fervente por 15min	58	150	23
	Grão longo, pequeno (Dainty Food Inc., Canadá)	60	150	24
	Grão longo, pequeno (Dainty Food Inc., Canadá)	60	150	24
	Grão longo, branco, cozido em água fervente por 7min (Star brand, Gouda foods, Concord, Canadá)	64±3	150	26
	Média de 10 estudos	56±2	150	23
	Arroz, grão longo, variedades de cozimento rápido			
278	Grão longo, parboilizado, 10min de cozimento (Uncle Ben's, Masterfoods, Bélgica)	68±6	150	25
279	Grão longo, parboilizado, 20min de cozimento (Uncle Ben's, Masterfoods, Bélgica)	75±7	150	28
280	Grão longo, branco, pré-cozido, cozido no micro-ondas por 2min (Express Rice, simples, Uncle Ben's, Masterfoods King's Lynn, Norfolk, Reino Unido)	52±5	150	19
	Arroz especial			
281	Estilo Cajun, Uncle Ben's® (Effem Foods Ltd., Bolton, Canadá)	51	150	19
282	Estilo Garden, Uncle Ben's® (Effem Foods Ltd., Canadá)	55	150	21

Nº do Alimento	Item	IG[2] Glicose = 100	Porção (gramas)	CG[3] por porção
283	Long Grain and Wild – Grão Longo e Selvagem, Uncle Ben's® (Effem Foods Ltd., Canadá)	54	150	20
284	Mexican Fast and Fancy – Mexicano Rápido e Extravagante, Uncle Ben's® (Effem Foods Ltd., Canadá)	58	150	22
285	Arroz selvagem Saskatchewan (Canadá)	57	150	18
286	Arroz quebrado, branco, cozido em panela de arroz (Lion Foods, Bangcoc, Tailândia)	86±10	150	37
287	Arroz glutinoso, branco, cozido em panela de arroz (Bangsue Chia Meng Rice Mill, Bangcoc, Tailândia)	98±7	150	31
288	Arroz de jasmim, branco, grão longo, cozido em panela de arroz (Golden World Foods, Bangcoc, Tailândia)	109±10	150	46
	Arroz, branco, baixo teor de amilose			
289	Calrose, branco, grão médio, cozido em água fervente (Rice Growers Co-op., Austrália)	83±13	150	36
290	Sungold, Pelde, parboilizado (Rice Growers Co-op., Austrália)	87±7	150	37
291	Ceroso (0-2% amilose) (Rice Growers Co-op., Austrália)	88±11	150	38
292	Pelde, branco (Rice Growers Co-op., Austrália)	93±11	150	40
293	Branco, baixo teor de amilase, cozido em água fervente (Turquia)	139	150	60
	Arroz, branco, alto teor de amilase			
294	Arroz Bangladeshi, variedade BR16 (28% amilase)	37	150	14
	Arroz Bangladeshi, variedade BR16, branco, grão longo (27% amilase), cozido em água fervente por 17,5min	39	150	15
	Média de dois estudos	38	150	15
295	Doongara, branco (Rice Growers Co-op., Austrália)	50±6		
	Doongara, branco (Rice Growers Co-op., Austrália)	64±9		
	Doongara, branco (Rice Growers Co-op., Austrália)	54±7		
	Média de três estudos	56±4	150	22
296	Koshikari, branco, grão curto, cozido por 15min e, então, cozido a vapor por 10min (Japão)	48±8	150	18
297	**Basmati**			
	Basmati, branco, cozido em água fervente (Mahatma brand, Sidney, NSW, Austrália)	58±8	150	22

N° do Alimento	Item	IG [2] Glicose = 100	Porção (gramas)	CG [3] por porção
	Arroz basmati pré-cozido em pacote, branco, reaquecido em micro-ondas, Uncle Ben's Express® (Masterfoods. Kings Lynn, Norfolk, Reino Unido)	57±4	150	24
	Arroz basmati branco, rápido cozimento, cozido em água fervente por 10min, Uncle Ben's Superior (Masterfoods Olen, Bélgica)	60±5	150	23
298	**Arroz, marrom**			
	Marrom (Canadá)	66±5	150	21
	Marrom, cozido a vapor (EUA) [5]	50	150	16
	Marrom (Oriza Sativa), cozido em água fervente (Sul da Índia) [5]	50±19	150	16
	Média de três estudos	55±5	150	18
	Calrose marrom (Rice Growers Co-op., Austrália)	87±8	150	33
	Doongara marrom, alto teor de amilase (Rice Growers Co-op., Austrália)	66±7	150	24
	Pelde marrom (Rice Growers Co-op., Austrália)	76±6	150	29
	Parboilizado, cozido em água fervente por 20min, Uncle Ben's Natur-reis® (Masterfoods Olen, Bélgica)	64±7	150	23
	Sunbrown Quick™ (Rice Growers Co-op., Austrália)	80±7	150	31
299	**Arroz inflado/instantâneo**			
	Arroz instantâneo, branco, cozido em água fervente por 1min (Canadá)	46	150	19
	Arroz instantâneo, branco, cozido por 6min (Trice brand, Austrália)	87	150	36
	Inflado, branco, cozido por 5min, Uncle Ben's Snabbris® (Masterfoods Olen, Bélgica)	74±5	150	31
	Média de três estudos	69±12	150	29
	Doongara instantâneo, branco, cozido por 5min (Rice Growers Co-op., Austrália)	94±7	150	35
300	**Arroz parboilizado**			
	Arroz parboilizado (Canadá)	48	150	18
	Arroz parboilizado (EUA)	72	150	26
	Transformado, branco, Uncle Ben's® (Effem Foods Ltd., Canadá)	45	150	16
	Transformado, branco, cozido em água fervente por 20-30min, Uncle Ben's® (Masterfoods EUA, Vernon, CA)	38	150	14
	Transformado, branco, grão longo, cozido em água fervente por 20-30min, Uncle Ben's® (Masterfoods EUA)	50	150	18

Nº do Alimento	Item	IG [2] Glicose = 100	Porção (gramas)	CG [3] por porção
	Cozido em água fervente, 12min (Dinamarca) [6]	39	150	14
	Cozido em água fervente, 12min (Dinamarca)	42	150	15
	Cozido em água fervente, 12min (Dinamarca)	43	150	16
	Cozido em água fervente, 12min (Dinamarca)	46	150	17
	Grão longo, cozido em água fervente por 5min (Canadá)	38	150	14
	Grão longo, cozido em água fervente por 10min (EUA) [5]	61	150	22
	Grão longo, cozido em água fervente por 15min (Canadá)	47	150	17
	Grão longo, cozido em água fervente por 25min (Canadá)	46	150	17
	Média de treze estudos	47±3	150	17
301	Arroz parboilizado, consumido como parte de um prato indiano tradicional (Índia) [5]	99		
302	**Parboilizado, baixo teor de amilase**			
	Arroz Bangladeshi, variedade BR2, parboilizado (12% amilase)	51	150	19
	Parboilizado, baixo teor de amilase, Pelde, Sungold (Rice Growers Co-op., Austrália)	87±7	150	34
303	**Parboilizado, alto teor de amilase**			
	Parboilizado, alto teor de amilase (28%), Doongara (Rice Growers Co-op., Austrália)	50±6	150	19
	Arroz Bangladeshi, variedade BR16, parboilizado (28% amilase)	35	150	13
	Arroz Bangladeshi, variedade BR16, parboilizado tradicionalmente (27% amilase)	32	150	12
	Arroz Bangladeshi, variedade BR16, parboilizado à pressão (27% amilase)	27	150	11
	Arroz Bangladeshi, variedade BR4, parboilizado (27% amilase)	33	150	13
	Média de cinco estudos	35±4	150	14
304	**Centeio, grãos integrais**			
	Centeio, grãos integrais (Canadá)	29	50 (seco)	11
	Centeio, grãos integrais, cozidos à pressão (15psi) por 30min em 2 litros de água (Canadá)	34	50 (seco)	13
	Centeio, grãos integrais (Canadá)	39	50 (seco)	15
	Média de três estudos	34±3	50 (seco)	13

N° do Alimento	Item	IG [2] Glicose = 100	Porção (gramas)	CG [3] por porção
	Trigo			
305	**Trigo, grãos integrais**			
	Trigo, grãos integrais (Triticum aestivum) (Índia) [11]	30±9	50 (seco)	11
	Trigo, grãos integrais (Canadá)	42	50 (seco)	14
	Trigo, grãos integrais, cozidos à pressão (15psi) por 30min em 2 litros de água (Canadá)	44	50 (seco)	14
	Trigo, grãos integrais (Canadá)	48	50 (seco)	16
	Média de quatro estudos	41±3	50 (seco)	14
306	Trigo, tipo não especificado (Índia)	90	50 (seco)	34
307	**Trigo, grãos pré-cozidos**			
	Trigo durum, pré-cozido, cozido em água fervente por 20min (Ebly, Chateaudun, França)	52±4	50 (seco)	19
	Trigo durum, pré-cozido, cozido em água fervente por 10min (Ebly, França)	50±5	50 (seco)	17
	Trigo durum, pré-cozido em pacote, reaquecido em micro-ondas, Ebly Express (Ebly, França)	40±5	125	16
	Cozimento rápido (White Wings, Sidney, NSW, Austrália)	54±11	150	25
308	**Sêmola**			
	Sêmola, tostada a 105°C e, então, gelatinizada com água (Índia)	55±9		
	Sêmola, cozida a vapor e gelatinizada (Índia)	54±13		
	Média de dois estudos	55±1	150	6
309	**Trigo triturado (bulgur/bourghul)**			
	Bulgur, cozido em água fervente (Canadá)	46		
	Bulgur, cozido em água fervente em 800ml de água por 20min (Canadá)	46		
	Bulgur, cozido em água fervente por 20min (Canadá)	46		
	Bulgur, cozido em água fervente por 20min (Canadá)	53		
	Média de quatro estudos	48±2	150	12

N° do Alimento	Item	IG [2] Glicose = 100	Porção (gramas)	CG [3] por porção
	BISCOITOS			
	Araruta			
310	Araruta (McCormicks's, Interbare Foods, Toronto, Canadá)	63	25	13
311	Araruta extra (McCormicks's, Canadá)	62	25	11
312	Milk Arrowroot™ – leite e araruta (Arnotts, Sidney, NSW, Austrália)	69±7	25	12
	Média de três estudos	65±2	25	12
313	Barquette Abricot – barquete de damasco (LU, Ris, Orangis, França)	71±6	40	23
314	Bebe Dobre Rano Chocolate (Opavia/LU, República Tcheca)	57±9	50	19
315	Bebe Dobre Rano Honey and Hazelnuts – mel e avelãs (Opavia/LU, República Checa)	51±9	50	17
316	Bebe Jemne Susenky (Opavia/LU, República Tcheca)	67±11	25	14
317	**Digestivos (tipo de biscoito feito com farinha integral)**			
	Digestivos (Canadá)	55		
	Digestivos (Canadá)	59±7		
	Digestivos, Peak Freans (Nabisco Ltd., Toronto, Canadá)	62		
	Média de três estudos	59±2	25	10
318	Digestivos, sem glúten (amido de milho) (Nutricia Dietary Care Ltd., Redish, Stockport, Reino Unido)	58	25	10
319	Evergreen met Krenten – sempre-verde com groselha (LU, Holanda)	66±12	38	14
320	Golden Fruit (Griffin's Foods Ltd., Auckland, Nova Zelândia)	77±25	25	13
321	Graham Wafers (Christie Brown & Co., Toronto, Canadá)	74	25	14
322	Gran'Dia Banana, Oats and Honey (LU, Brasil)	28±5	30	6
323	Grany en-cas Damasco (LU, França)	55±6	30	9
324	Grany en-cas Fruits des bois – frutas da floresta (LU, França)	50±5	30	7
325	Grany Rush Damasco (LU, Holanda)	62±3	30	12
326	Highland Oatmeal™ – flocos de aveia (Westons biscuits, Sidney, NSW, Austrália)	55±8	25	10
327	Highland Oatcakes – bolo de aveia (Walker's Shortbread Ltd., Aberlour-on-Spey, Escócia)	57	25	8
328	LU P'tit Déjeuner Chocolat (LU, França)	42±5	50	14

Nº do Alimento	Item	IG [2] Glicose = 100	Porção (gramas)	CG [3] por porção
329	LU P'tit Déjeuner Miel et Pépites Chocolat (LU, França)	45±5	50	16
	LU P'tit Déjeuner Miel et Pépites Chocolat (LU, França)	52±3	50	18
	LU P'tit Déjeuner Miel et Pépites Chocolat (LU, França)	49±8	50	18
	Média de três estudos	49±2	50	17
330	Wafer à base de malte (Griffin's Foods Ltd., Nova Zelândia)	50±10	25	9
331	Morning Coffee™ – café matinal (Arnotts, Austrália)	79±6	25	15
332	Nutrigrain Fruits des bois (Kellogg's, França)	57±4	35	13
333	Flocos de aveia (Canadá)	54±4	25	9
334	Oro (Saiwa, Itália)	61±9	40	20
	Oro (Saiwa, Itália)	67±17	40	21
	Média de dois estudos	64±3	40	20
335	Petit LU Normand (LU, França)	51±3	25	10
336	Petit LU Roussillon (LU, França)	48±4	25	9
337	Prince Energie+ (LU, França)	73±5	25	13
338	Prince fourré chocolat (LU, França)	53±5		
	Prince fourré chocolat (LU, França)	50±5		
	Média de dois estudos	52±2	45	16
339	Prince Meganana Chocolate (LU, Espanha)	49±12	50	18
340	Prince Petit Déjeuner Vanille (LU, França and Espanha)	45±6	50	16
341	Rich Tea – biscoito doce, feito de farinha de trigo, açúcar, óleo vegetal e extrato de malte (Canadá)	55±4	25	10
342	Sablé des Flandres (LU, França)	57±10	20	8
343	Biscoito de manteiga (Arnotts, Austrália)	64±8	25	10
344	Shredded Wheatmeal™ – trigo triturado (Arnotts, Austrália)	62±4	25	11
345	Snack Right Fruit Slice – biscoito com fatias de frutas (97% livre de gordura) (Arnott's, Austrália)	45±3	25	9
346	Thé (LU, França)	41±7	20	6
347	Wafers de baunilha (Christie Brown & Co., Canadá)	77	25	14
348	Véritable Petit Beurre (LU, França)	51±8	25	9

Nº do Alimento	Item	IG [2] Glicose = 100	Porção (gramas)	CG [3] por porção
	Biscoitos tipo *cracker*			
349	Biscoitos de trigo bretão (Dare Foods Ltd., Kitchener, Canadá)	67	25	10
350	Corn Thins, bolinhos de milho inflado, sem glúten (Real Foods, St Peters, NSW, Austrália)	87±10	25	18
351	Cream Cracker (LU Triunfo, Brasil)	65±11	25	11
352	Biscoito com alto teor de cálcio (Danone, Malásia)	52±8	25	9
353	Jatz™, biscoito simples e salgado (Arnotts, Austrália)	55±5	25	10
354	Puffed Crispbread (Westons, Austrália)	81±9	25	15
355	**Bolinho de arroz inflado**			
	Bolinhos de arroz inflado, branco (Rice Growers Co-op., Leeton, NSW, Austrália)	82±11	25	17
	Bolinhos de arroz Calrose (baixo teor de amilase) (Rice Growers Co-op., Austrália)	91±7	25	19
	Bolinhos de arroz Doongara (alto teor de amilase) (Rice Growers Co-op., Austrália)	61±5	25	13
	Média de três estudos	78±9	25	17
356	**Biscoito crocante de centeio**			
	Biscoito crocante de centeio (Canadá)	63	25	10
	Ryvita™ (Canadá)	69±10	25	11
	Biscoito crocante de centeio com alto teor de fibras (Ryvita Company Ltd., Poole, Dorset, Reino Unido)	59	25	9
	Biscoito crocante de centeio (Ryvita Company Ltd., Reino Unido)	63	25	11
	Média de quatro estudos	64±2	25	11
357	Kavli™ Norwegian Crispbread – biscoito crocante (Players Biscuits, Sidney, NSW, Austrália)	71±7	25	12
358	Sao™, biscoito quadrado e simples (Arnotts, Austrália)	70±9	25	12
359	Stoned Wheat Thins – biscoito de trigo (Christie Brown & Co., Canadá)	67	25	12
360	**Água e Sal**			
	Água e sal (Canadá)	63±9	25	11
	Água e sal (Arnotts, Austrália)	78±11	25	14
	Média de dois estudos	71±8	25	13

Nº do Alimento	Item	IG [2] Glicose = 100	Porção (gramas)	CG [3] por porção
361	Premium Soda Crackers (Christie Brown & Co., Canadá)	74	25	12
362	Vita-wheat™, original, biscoito crocante (Arnott's, Austrália)	55±4	25	10
	LATICÍNIOS E ALTERNATIVAS			
	Pudim			
363	No Bake Egg Custard, preparado com pó e leite integral (Nestlé, Sidney, NSW, Austrália)	35±2	100	6
364	Pudim caseiro, feito com leite, amido de trigo e açúcar (Austrália)	43±10	100	7
365	TRIM™, pudim com gordura reduzida (Pauls Ltd., South Brisbane, Qld, Austrália)	37±4	100	6
	Média de três estudos	38±2	100	6
366	**Sorvete, regular/não especificado**			
	Sorvete, não especificado (Canadá)	36±8		
	Sorvete (metade baunilha, metade chocolate) (Itália)	57		
	Sorvete, não especificado (EUA)	62		
	Sorvete, sabor de chocolate (EUA)	68±15		
	Sorvete (metade baunilha, metade chocolate) (Itália)	80		
	Média de cinco estudos	61±7	50	8
367	**Sorvete, com gordura reduzida ou com baixo teor de gordura**			
	Sorvete, baixo teor de gordura, baunilha, "Light" (Peter's, Sidney, NSW, Austrália)	50±8	50	3
	Sorvete, baixo teor de gordura (1,2% de gordura), Prestige Light rich vanilla – light de baunilha (Norco, Lismore, NSW, Austrália) [6]	47±5	50	5
	Sorvete, baixo teor de gordura (1,4% de gordura), Prestige Light – toffee tradicional (Norco, Austrália) [6]	37±4	50	5
	Sorvete, gordura reduzida (7,1% de gordura), Prestige golden – macadâmia (Norco, Austrália) [6]	39±3	50	5
368	**Sorvete Premium (alto teor de gordura)**			
	Sorvete, premium, ultrachocolate, 15% de gordura (Sara Lee, Gosford, NSW, Austrália)	37±3	50	4
	Sorvete, premium, baunilha francesa, 16% de gordura (Sara Lee, Austrália)	38±3	50	3

Nº do Alimento	Item	IG [2] Glicose = 100	Porção (gramas)	CG [3] por porção
369	**Leite integral**			
	Integral (Itália)	11		
	Integral (3% de gordura, Skånemejerier, Malmö, Suécia) [6]	21		
	Integral (Itália)	24		
	Leite de vaca integral, fresco (Dairy Farmers, Sidney, NSW, Austrália)	31±2		
	Integral (Canadá)	34±6		
	Integral (EUA)	40		
	Média de cinco estudos	27±4	250	3
370	Leite de vaca fermentado (leite viscoso, långfil, 3% de gordura)[11] (Arla, Gävle, Suécia) [6]	11		
371	Leite de vaca fermentado (filmjölk, 3% de gordura) (Skånemejerier, Malmö, Suécia) [6]	11		
	Média dos dois alimentos	11		
372	**Leite integral mais farelo**			
	Integral + 20g de farelo de trigo (Itália)	25		
	Integral + 20g de farelo de trigo (Itália)	28		
	Média de dois estudos	27±2	250	3
373	Leite, com espuma (Canadá)	32±5	250	4
374	Leite, condensado, adoçado (Nestlé, Sidney, NSW, Austrália)	61±6	50	17
375	Leite, desnatado, chocolate, com aspartame, Lite White™ (Dairy Farmers, Austrália)	24±6	250	3
376	Leite, desnatado, chocolate, com açúcar, Lite White™ (Dairy Farmers, Austrália)	34±4	250	9
377	Mousse, reduzida de gordura, preparada com mistura comercial para mousse, com água Butterscotch (doce de manteiga), 1,9% de gordura (Nestlé, Austrália)	36±4	50	4
	Chocolate, 2% de gordura (Nestlé, Austrália)	31±4	50	3
	Avelã, 2,4% de gordura (Nestlé, Austrália)	36±4	50	4
	Manga, 1,8% de gordura (Nestlé, Austrália)	33±5	50	4
	Frutas mistas, 2,2% de gordura (Nestlé, Austrália)	36±5	50	4
	Morango, 2,3% de gordura (Nestlé, Austrália)	32±3	50	3
	Média dos seis alimentos	34±1	50	4

Nº do Alimento	Item	IG [2] Glicose = 100	Porção (gramas)	CG [3] por porção
378	Pudim			
	Instantâneo, chocolate, feito de pó e leite integral (White Wings, Sidney, NSW, Austrália)	47±4	100	7
	Instantâneo, baunilha, feito de pó e leite integral (White Wings, Austrália)	40±4	100	6
	Média dos dois alimentos	44±4	100	7
379	Iogurte			
	Iogurte, tipo não especificado (Canadá)	36±4	200	3
380	Iogurte com baixo teor de gordura			
	Baixo teor de gordura, frutas, aspartame, Ski™ (Dairy Farmers, Austrália)	14±4	200	2
	Baixo teor de gordura, frutas, Ski™ (Dairy Farmers, Austrália)	33±7	200	10
	Baixo teor de gordura (0,9%), frutas, morango silvestre (Ski d'lite™, Dairy Farmers, Austrália)	31±14	200	9
381	Iogurte sem gordura, adoçado com acesulfame K e Splenda			
	Diet Vaalia™, frutas exóticas (Pauls Ltd., Austrália) [6]	23±2	200	4
	Diet Vaalia™, manga (Pauls Ltd., Austrália) [6]	23±2	200	3
	Diet Vaalia™, frutas misturadas (Pauls Ltd., Austrália) [6]	25±3	200	3
	Diet Vaalia™, morango (Pauls Ltd., Austrália) [6]	23±2	200	3
	Diet Vaalia™, baunilha (Pauls Ltd., Austrália) [6]	23±2	200	3
	Média dos cinco alimentos	24±1	200	3
382	Iogurte com redução de gordura			
	Com redução de gordura, Vaalia™, damasco & manga (Pauls Ltd., Austrália) [6]	26±4	200	8
	Com redução de gordura, Vaalia™, baunilha francesa (Pauls Ltd., Austrália) [6]	26±4	200	3
	Com redução de gordura, Extra-Lite™, morango (Pauls Ltd., Austrália) [6]	28±4	200	9
	Média dos três alimentos	27±1	200	7
383	Bebida à base de iogurte, com redução de gordura, Vaalia™, maracujá tropical (Pauls Ltd., Austrália) [6]	38±4	200	11

Nº do Alimento	Item	IG [2] Glicose = 100	Porção (gramas)	CG [3] por porção
	Produtos à base de soja, alternativos a laticínios			
384	Leites de soja (contendo maltodextrina)			
	Leite de soja, integral (3%), 0mg de cálcio, Original (So Natural Foods, Taren Point, NSW, Austrália) [6]	44±5	250	8
	Leite de soja, integral (3%), 120mg de cálcio, Calciforte (So Natural Foods, Austrália) [6]	36±4	250	6
	Leite de soja, com redução de gordura (1,5%), 120mg de cálcio, Light (So Natural Foods, Austrália) [6]	44±3	250	8
385	Bebidas de leite de soja			
	Vitamina de soja, banana, 1% de gordura (So Natural Foods, Austrália) [6]	30±3	250	7
	Vitamina de soja, chocolate e avelã, 1% de gordura (So Natural Foods, Austrália) [6]	34±3	250	8
	Média das duas bebidas	32±2	250	7
	Up & Go™, sabor achocolatado de malte (leite de soja, café da manhã líquido, com cereal de arroz) (Sanitarium, Berkeley Vale, NSW, Austrália) [6]	43±5	250	11
	Up & Go™, sabor malte original (leite de soja, café da manhã líquido, com cereal de arroz) (Sanitarium, Austrália) [6]	46±5	250	11
	Média das duas bebidas	45±2	250	11
	Xpress™, chocolate (bebida de soja, cereal e extrato de legumes, com frutose) (So Natural Foods, Austrália) [6]	39±2	250	13
386	Iogurte de soja			
	Iogurte de soja, pêssego e manga, 2% de gordura, açúcar (So Natural Foods, Austrália) [6]	50±3	200	13
387	Sobremesa congelada à base de tofu, chocolate com alto teor de frutose (24%), xarope de glicose (EUA)	115±14	50	10
	FRUTAS E PRODUTOS DE FRUTAS			
388	Maçãs, cruas			
	Maçã, não especificada (Dinamarca)	28	120	4
	Maçã, Braeburn (Nova Zelândia) [6]	32±4	120	4
	Maçã, não especificada (Canadá)	34	120	5
	Maçã, Golden Delicious (Canadá)	39±3	120	6
	Maçã, não especificada (EUA)	40	120	6

203

Nº do Alimento	Item	IG [2] Glicose = 100	Porção (gramas)	CG [3] por porção
	Maçã, não especificada (Itália)	44	120	6
	Média de seis estudos	38±2	120	6
389	**Suco de maçã**			
	Suco de maçã, não adoçado, reconstituído (Berrivale Orchards Ltd., Berri, SA, Austrália)	39±5	250	10
	Suco de maçã, não adoçado (EUA)	40	250	12
	Suco de maçã, não adoçado (Allens, Toronto, Canadá)	41	250	12
	Média de três estudos	40±1	250	11
390	Maçã, seca (Austrália)	29±5	60	10
	Damascos			
391	Damascos crus, não especificados (Itália)	57	120	5
392	Damascos enlatados em calda *light* (Riviera, Aliments Caneast Foods, Montreal, Canadá)	64	120	12
393	Damascos secos (Austrália)	30±7	60	8
	Damascos secos (Wasco foods, Montreal, Canadá)	32	60	10
	Média de dois estudos	31±1	60	9
394	Barra de cereal de damasco, com recheio de purê de damasco seco em massa integral (Mother Earth, Auckland, Nova Zelândia)	50±8	50	17
395	Cobertura de damasco, com redução de açúcar (Glen Ewin Jams, Para Hills, SA, Austrália)	55±7	30	7
396	Apricot Fruity Bitz™, lanchinho de frutas secas e damasco, enriquecido com vitamina e mineral (Blackmores Ltd., Balgowlah, NSW, Austrália)	42±3	15	5
397	**Banana crua**			
	Banana (Canadá)	46	120	12
	Banana (Itália)	58	120	13
	Banana (Canadá)	58	120	15
	Banana (Canadá)	62±9	120	16
	Banana (África do Sul)	70±5	120	16
	Banana madura (toda amarela) (EUA)	51	120	13
	Banana não amadurecida (Dinamarca)	30	120	6
	Banana levemente não amadurecida (amarela, com seções verdes) (EUA)	42	120	11

Nº do Alimento	Item	IG [2] Glicose = 100	Porção (gramas)	CG [3] por porção
	Banana muito madura (amarela e manchada de marrom) (EUA)	48	120	12
	Banana muito madura (Dinamarca)	52	120	11
	Média de 10 estudos	52±4	120	12
398	Banana, barrinhas de fruta processada, Heinz Kidz™ (H J Heinz, Malvern, Vic, Austrália)	61±11	30	12
399	Fruta-pão (Artocarpus altilis) crua (Austrália) [6]	68	120	18
400	Cerejas cruas, não especificadas (Canadá)	22	120	3
401	Sapoti (Zapota zapotilla coville) cru (Filipinas) [6]	40	120	12
402	**Suco de amora**			
	Coquetel de suco de amora (Ocean Spray, Melbourne, Vic, Austrália)	52±3	250	16
	Coquetel de suco de amora (Ocean Spray Inc., Lakeville – Middleboro, MA, EUA)	68±3	250	24
	Bebida de suco de amora Ocean Spray® (Gerber Ltd., Bridgewater, Somerset, Reino Unido)	56±4	250	16
403	Fruta-do-conde, crua, apenas a polpa (Austrália)	54±2	120	10
404	Tâmaras secas (Austrália)	103±21	60	42
405	Figos, secos, amaciados, marca Dessert Maid (Ernest Hall & Sons, Sidney, NSW, Austrália)	61±6	60	16
406	Salada de frutas enlatada (Delmonte Canadian Canners Ltd., Hamilton, Canadá)	55	120	9
407	Toranja crua (Canadá)	25	120	3
408	Suco de toranja não adoçado (Sunpac, Toronto, Canadá)	48	250	9
409	**Uvas cruas**			
	Uvas, não especificadas (Canadá)	43	120	7
	Uvas, não especificadas (Itália)	49	120	9
	Média de dois estudos	46±3	120	8
	Uvas pretas, Waltham Cross (Austrália)	59	120	11
410	**Kiwi cru**			
	Kiwi, Hayward (Nova Zelândia) [6]	47±4	120	5
	Kiwi (Austrália) [6]	58±7	120	7
	Média de dois estudos	53±6	120	6
411	Lichia, enlatada em calda e drenada, marca Narcissus (China)	79±8	120	16

205

Nº do Alimento	Item	IG [2] Glicose = 100	Porção (gramas)	CG [3] por porção
412	**Manga crua**			
	Manga (*Mangifera indica*) (Filipinas) [6]	41	120	8
	Manga (*Mangifera indica*) (Austrália) [6]	51±3	120	8
	Manga madura (*Mangifera indica*) (Índia) [11]	60±16	120	9
	Média de três estudos	51±5	120	8
413	Manga, sobremesa congelada com baixo teor de gordura, Frutia™ (Weis Frozen Foods, Toowong, Qld, Austrália)	42±3	100	10
414	Geleia de laranja (Austrália)	48±9	30	9
415	**Laranjas cruas**			
	Laranjas, não especificadas (Dinamarca)	31	120	3
	Laranjas, não especificadas (África do Sul)	33±6	120	3
	Laranjas, não especificadas (Canadá)	40±3	120	4
	Laranjas, não especificadas (Itália)	48	120	5
	Laranjas (Sunkist, Van Nuys, CA, EUA)	48	120	5
	Laranjas, não especificadas (Canadá)	51	120	6
	Média de seis estudos	42±3	120	5
416	**Suco de laranja**			
	Suco de laranja (Canadá)	46±6	250	12
	Suco de laranja, não adoçado, concentrado e reconstituído, Quelch brand (Berri Ltd., Austrália)	53±6	250	9
	Suco de laranja, reconstituído de concentrado congelado (EUA)	57±6	250	15
	Média de três estudos	52±3	250	12
417	**Mamão papaia cru**			
	Mamão papaia (Carica papaya) (Austrália) [6]	56±6	120	5
	Mamão papaia (papaya), ripe (Índia) [11]	60±16	120	17
	Mamão papaia (Carica papaya) (Filipinas) [6]	60	120	9
	Média de três estudos	59±1	120	10
418	**Pêssegos**			
	Pêssego cru (Canadá)	28	120	4
	Pêssego cru (Itália)	56	120	5
	Média de dois estudos	42±14	120	5

Nº do Alimento	Item	IG [2] Glicose = 100	Porção (gramas)	CG [3] por porção
419	Pêssego enlatado em suco natural (Goulburn Valley, Ardmona Foods, Mooroopna, Vic, Austrália)	30±4	120	3
	Pêssego enlatado em suco natural (SPC Ltd., Shepparton, Vic, Austrália)	45±6	120	5
	Média de dois estudos	38±8	120	4
420	Pêssego enlatado em calda grossa (Letona Foods, Hawthorn East, Vic, Austrália)	58±11	120	9
421	Pêssego enlatado em calda leve (Delmonte, Canadian Canners Ltd.)	52	120	9
422	Pêssego enlatado em calda reduzida de açúcar, SPC Lite (SPC Ltd., Austrália)	62±9	120	11
	Peras			
423	Pera crua, não especificada (Canadá)	33	120	4
424	Pera Winter Nellis crua (Nova Zelândia) [6]	34±4	120	4
425	Pera Bartlett crua (Canadá)	41	120	3
426	Pera crua, não especificada (Itália)	42	120	4
	Média de quatro estudos	38±2	120	4
427	Metades de pera, enlatadas em calda reduzida de açúcar, SPC Lite (SPC Ltd., Austrália)	25±6	120	4
428	Metades de pera, enlatadas em suco natural (SPC Ltd., Austrália)	43±15	120	5
429	Pera enlatada em suco de pera, Bartlett (Delmonte, Canadian Canners Ltd.)	44	120	5
	Abacaxi			
430	Abacaxi cru (Austrália) [6]	66±7	120	6
	Abacaxi (*Ananas comosus*) cru (Filipinas) [6]	51	120	8
	Média de dois estudos	59±8	120	7
431	Suco de abacaxi não adoçado (Dole Packaged Foods, Toronto, Canadá)	46	250	15
	Ameixas			
432	Ameixa crua, não especificada (Canadá)	24	120	3
	Ameixa crua, não especificada (Itália)	53	120	6
	Média de dois estudos	39±15	120	5
433	Ameixas secas, descaroçadas (Sunsweet Growers Inc., Yuba City, CA, EUA)	29±4	60	10

N° do Alimento	Item	IG [2] Glicose = 100	Porção (gramas)	CG [3] por porção
434	Uvas passa (Canadá)	64±11	60	28
435	Melão cantalupe cru (Austrália) [6]	65±9	120	4
436	Morangos frescos, crus (Sidney, NSW, Austrália) [6]	40±7	120	1
437	Geleia de morango	51±10	30	10
438	Barras de frutas processadas – morango, Real Fruit Bars (Uncle Toby's, Austrália)	90±12	30	23
439	Uva sultana	56±11	60	25
440	Suco de tomate, sem adição de açúcar (Berri Ltd., Berri, SA, Austrália) [6]	38±4	250	4
441	Tropical Fruity Bitz™, lanchinho de frutas secas, enriquecido com vitaminas e minerais (Blackmores Ltd., Austrália)	41±3	15	5
442	Vitari, sobremesa congelada não láctea de frutas silvestres (Nestlé, Sidney, NSW, Austrália)	59±8	100	12
443	Melancia crua (Austrália) [6]	72±13	120	4
444	Wild Berry Fruity Bitz™, lanchinho de frutas secas, enriquecido com vitaminas e minerais (Blackmores Ltd., Austrália)	35±4	15	4
	COMIDA INDUSTRIALIZADA PARA BEBÊ E ALIMENTOS DE DESMAME			
445	**Comidas Industrializadas**			
	Infasoy™, à base de soja, sem leite (Wyeth Nutritionals, Baulkham Hills, NSW, Austrália) [6]	55±6	100ml	4
	Karicare™ comida de iniciação com ômega mais óleos poli-insaturados de cadeia longa (Nutricia, Auckland, Nova Zelândia) [6]	35±5	100ml	2
	Nan-1™ comida para bebês, com ferro (Nestlé, Sidney, NSW, Austrália) [6]	30±6	100ml	2
	S-26™ comida para bebês (Wyeth Nutritionals, Austrália) [6]	36±6	100ml	3
	Alimentos de Desmame			
446	Farex™ arroz para bebê (Heinz Wattie's Ltd., Malvern, Vic, Austrália) [6]	95±13	87	6
447	**Robinsons First Tastes a partir de 4 meses (Nutricia, Wells, Reino Unido)**			
	Cereal de maçã, damasco e banana [6]	56±8	75	7
	Mingau cremoso [6]	59±8	75	5
	Pudim de arroz [6]	59±6	75	6

Nº do Alimento	Item	IG [2] Glicose = 100	Porção (gramas)	CG [3] por porção
448	Heinz for Baby a partir de 4 meses (Heinz Wattie's Ltd., Austrália)			
	Frango e talharim com vegetais, coado [6]	67±11	120	5
	Milho verde e arroz [6]	65±13	120	10
	LEGUMES E NOZES			
449	Feijões cozidos			
	Baked Beans – feijões cozidos, enlatados (Canadá)	40±3		
	Baked Beans – feijões brancos enlatados em molho de tomate (Libby, McNeill & Libby, Chatham, Canadá)	56		
	Média de dois estudos	48±8	150	7
450	Feijões secos, cozidos em água fervente			
	Feijões secos, tipo não especificado (Itália)	36	150	11
	Feijões secos, tipo não especificado (Itália)	20	150	6
	Média de dois estudos	29±9	150	9
451	Feijões caupi, cozidos em água fervente			
	Feijões caupi (Canadá)	50	150	15
	Feijões caupi (Canadá)	33±4	150	10
	Média de dois estudos	42±9	150	13
452	Feijões-fava			
	Feijões-fava (África do Sul)	28±7	150	5
	Feijões-fava, secos, cozidos por 1,25h (África do Sul)	29±8	150	6
	Feijões-fava (Canadá)	36±4	150	7
	Média de três estudos	31±3	150	6
	Feijões-fava, secos, cozidos em água fervente + 5g de sacarose (África do Sul)	30±2	150	6
	Feijões-fava, secos, cozidos em água fervente + 10g de saca-rose (África do Sul)	31±2	150	6
	Feijões-fava, secos, cozidos em água fervente + 15g de saca-rose (África do Sul)	54±4	150	11
453	Grãos-de-bico, cozido em água fervente			
	Grãos-de-bico (*Cicer arietinum Linn*), secos, de molho, cozidos em água fervente por 35min (Filipinas)	10	150	3
	Grãos-de-bico, secos, cozidos em água fervente (Canadá)	31	150	9

Nº do Alimento	Item	IG [2] Glicose = 100	Porção (gramas)	CG [3] por porção
	Grãos-de-bico (Canadá)	33	150	10
	Grãos-de-bico (Canadá)	36±5	150	11
	Média de quatro estudos	28±6	150	8
454	Grãos-de-bico, enlatados em salmoura (Lancia-Bravo Foods Ltd., Toronto, Canadá)	42	150	9
455	Grãos-de-bico, ao curry, enlatados (Canasia Foods Ltd., Scarborough, Canadá)	41	150	7
456	Feijões-brancos			
	Feijões-brancos, cozidos à pressão de 15psi por 25min (King Grains, Toronto, Canadá)	29	150	9
	Feijões-brancos, secos, cozidos em água fervente (Canadá)	30	150	9
	Feijões-brancos, cozidos em água fervente (Canadá)	31±6	150	9
	Feijões-brancos (King Grains, Canadá)	39	150	12
	Feijões-brancos, cozidos à pressão de 15psi for por min (King Grains, Canadá)	59	150	19
	Média de cinco estudos	38±6	150	12
457	Feijões comuns			
	Feijões comuns/brancos (*Phaseolus vulgaris Linn*), de molho, cozidos por 17min (Filipinas)	13	150	3
	Feijões comuns (*Phaseolus vulgaris*) (Índia)	19	150	5
	Feijões comuns (EUA) [5]	23	150	6
	Feijões comuns, secos, cozidos em água fervente (França)	23±1	150	6
	Feijões comuns (*Phaseolus vulgaris L.*), vermelhos, de molho por 20min, cozidos em água fervente por 70min (Suécia)	25	150	6
	Feijões comuns (Canadá)	29±8	150	7
	Feijões comuns, secos, cozidos em água fervente (Canadá)	42	150	10
	Feijões comuns (Canadá)	46	150	11
	Média de oito estudos	28±4	150	7
458	Feijões comuns (*Phaseolus vulgaris L.*) – esterilizados	34	150	8
459	Feijões comuns, enlatados (Lancia-Bravo Foods Ltd., Canadá)	52	150	9
460	Feijões comuns, secos, de molho por 12h, mantidos úmidos por 24h, cozidos a vapor por 1h (Índia) [11]	70±11	150	17

Nº do Alimento	Item	IG [2] Glicose = 100	Porção (gramas)	CG [3] por porção
461	Feijão preto (*Phaseolus vulgaris Linn*), de molho durante a noite, cozidos por 45min (Filipinas)	20	150	5
462	**Lentilhas, tipo não especificado**			
	Lentilhas, tipo não especificado (EUA)	28		
	Lentilhas, tipo não especificado (Canadá)	29±3		
	Média de dois estudos	29±1	150	5
463	**Lentilhas verdes**			
	Lentilhas verdes, secas, cozidas em água fervente (Canadá)	22	150	4
	Lentilhas verdes, secas, cozidas em água fervente (França)	30±15	150	6
	Lentilhas verdes, secas, cozidas em água fervente (Austrália)	37±3	150	5
	Média de três estudos	30±4	150	5
464	Lentilhas verdes, enlatadas em salmoura (Lancia-Bravo Foods Ltd., Canadá)	52	150	9
465	**Lentilhas vermelhas**			
	Lentilhas, vermelhas, secas, cozidas em água fervente (Canadá)	18	150	3
	Lentilhas, vermelhas, secas, cozidas em água fervente (Canadá)	21	150	4
	Lentilhas, vermelhas, secas, cozidas em água fervente (Canadá)	31	150	6
	Lentilhas, vermelhas, secas, cozidas em água fervente (Canadá)	32	150	6
	Média de quatro estudos	26±4	150	5
466	Feijões-fava, tipo *baby*, congelados, reaquecidos em forno de micro-ondas (York, Canadá Packers, Toronto, Canadá)	32	150	10
467	**Ervilhas tipo marrowfat**			
	Ervilhas tipo marrowfat, secas, cozidas em água fervente (EUA)	31		
	Ervilhas tipo marrowfat, secas, cozidas em água fervente (Canadá)	47±3		
	Média de dois estudos	39±8	150	7
468	**Feijões mung**			
	Feijões mung (*Phaseolus aureus Roxb*), de molho, cozidos em água fervente por 20min (Filipinas)	31	150	5
	Feijões mung fritos (stir-fry) (Austrália)	53±8		
	Feijões mung germinados (Austrália)	25±4	150	4
	Feijões mung cozidos à pressão (Austrália)	42±5	150	7
469	Ervilhas, secas, cozidas em água fervente (Austrália)	22	150	2

Nº do Alimento	Item	IG [2] Glicose = 100	Porção (gramas)	CG [3] por porção
470	Guandu (*Cajanus cajan* Linn. Huth.), de molho, cozido em água fervente por 45min (Filipinas)	22	150	4
471	Feijões pinto			
	Feijões pinto, secos, cozidos em água fervente (Canadá)	39	150	10
	Feijões pinto, enlatados em salmoura (Lancia-Bravo Foods Ltd., Canadá)	45	150	10
472	Feijões romanos (Canadá)	46	150	8
473	Soja			
	Soja, seca, cozida em água fervente (Canadá)	15±5	150	1
	Soja, seca, cozida em água fervente (Austrália)	20±3	150	1
	Média de dois estudos	18±3	150	1
	Soja enlatada (Canadá)	14±2	150	1
474	Ervilhas, amarelas, cozidas em água fervente por 20min (Nupack, Mississauga, Canadá)	32	150	6
	PRODUTOS PARA TROCA DE REFEIÇÃO			
475	Barra de avelã e damasco (Dietworks, South Yarra, Vic, Austrália)	42±7	50	9
476	Produtos L.E.A.N™ (EUAna Inc., Salt Lake City, UT, US)			
	Barra L.E.A.N Fibergy™, Harvest Oat (Aveia Ceifada)	45±4	50	13
	Pó para bebida Nutrimeal™, Dutch Chocolate (Chocolate Holandês)	26±3	250	3
	L.E.A.N (longa vida) Nutribar™, Peanut Crunch (Amendoim Crocante)	30±4	40	6
	L.E.A.N (longa vida) Nutribar™, Chocolate Crunch (Chocolate Crocante)	32±4	40	6
	Média das duas barras Nutri	31±1	40	6
	Worldwide Sport Nutrition – produtos com carboidratos reduzidos (2.000 fórmulas) (Worldwide Sport Nutritional Supplements Inc., Largo, FL, EUA)			
477	Chocolate Designer, sem adição de açúcar [6]	14±3	35	3
478	Barras Burn-it™			
	Chocolate deluxe – chocolate de luxo [6]	29±3	50	2
	Peanut butter – pasta de amendoim [6]	23±3	50	1

Nº do Alimento	Item	IG [2] Glicose = 100	Porção (gramas)	CG [3] por porção
479	Barras Pure-protein™			
	Chewy choc-chip – lascas de chocolate mastigáveis [6]	30±4	80	4
	Chocolate deluxe – chocolate de luxo [6]	38±4	80	5
	Peanut butter – pasta de amendoim [6]	22±4	80	2
	Strawberry shortcake – bolinho de morango [6]	43±4	80	6
	White chocolate mousse – mousse de chocolate branco [6]	40±4	80	6
480	Biscoitos Pure-protein™			
	Choc-chip cookie dough – biscoito de lascas de chocolate e massa de farinha [6]	25±3	55	3
	Coconut – coco [6]	42±5	55	4
	Peanut butter – pasta de amendoim [6]	37±7	55	3
481	Shakes de proteína Ultra pure-protein™			
	Cappuccino	47±6	250	1
	Frosty chocolate – chocolate gelado	37±6	250	1
	Strawberry shortcake – bolinho de morango	42±4	250	1
	Vanilla ice cream – sorvete de baunilha	32±5	250	1
	REFEIÇÕES MISTAS E ALIMENTOS SEMIPRONTOS			
482	Nuggets de frango, congelados, reaquecidos em forno de micro-ondas por 5min (Savings, Grocery Holdings, Tooronga, Vic, Austrália)	46±4	100	7
483	Fish Fingers – palitinhos de peixe (Canadá)	38±6	100	7
484	Lentilha grega, cozida em fogo baixo com um pedaço de pão, feita em casa (Austrália)	40±5	360	15
485	Kugel (prato polonês, contendo macarrão à base de ovos, açúcar, queijo e uvas-passas) (Israel)	65±6	150	31
486	Lean Cuisine™, frango em estilo francês com arroz, reaquecido (Nestlé, Sidney, NSW, Austrália) [6]	36±6	400	24
487	Tortas, bife, tamanho de festa (Farmland, Grocery Holdings, Austrália)	45±6	100	12
488	Pizza			
	Pizza de queijo (Pillsbury Canadá Ltd., Toronto, Canadá)	60	100	16
	Pizza, com massa de farinha plana e assada, servida com queijo parmesão e molho de tomate (Itália)	80	100	22

Nº do Alimento	Item	IG [2] Glicose = 100	Porção (gramas)	CG [3] por porção
	Pizza, Super Supreme, feita em frigideira (11,4% de gordura) (Pizza Hut, Sidney, NSW, Austrália)	36±6	100	9
	Pizza, Super Supreme, fina e crocante (13,2% de gordura) (Pizza Hut, Austrália)	30±4	100	7
	Pizza, Vegetarian Supreme, fina e crocante (7,8% de gordura) (Pizza Hut, Austrália) [6]	49±6	100	12
489	Linguiças, não especificadas (Canadá)	28±6	100	1
490	Sirloin chop (lombo de vaca), com verduras mistas e purê de batatas, feitos em casa (Austrália)	66±12	360	35
491	Espaguete à bolonhesa, feito em casa (Austrália)	52±9	360	25
492	Verduras fritas com frango e arroz branco cozido com água fervente, feitos em casa (Austrália)	73±17	360	55
493	**Sushi**			
	Sushi de salmão (da cadeia "I Love Sushi", Sidney, NSW, Austrália) [6]	48±8	100	17
	Sushi, algas assadas, vinagre e arroz (Japão)	55	100	20
	Média de dois estudos	52±4	100	19
494	Arroz branco, cozido em água fervente, bife de hambúrguer grelhado, queijo e manteiga (França)	27	440	14
	Arroz branco, cozido em água fervente, bife de hambúrguer grelhado, queijo e manteiga (França)	22	440	11
	Média em dois grupos de indivíduos	25±2	440	13
	Pão branco com coberturas			
495	Pão branco de farinha de trigo, manteiga, queijo, leite de vaca regular e pepino fresco (Suécia) [6]	55	200	38
496	Pão branco de farinha de trigo, manteiga, iogurte e pepino em picles (Suécia) [6]	39	200	11
497	Pão branco com manteiga (Canadá)	59	100	29
498	Pão branco com queijo de leite desnatado (Canadá)	55	100	26
499	Pão branco com manteiga e queijo de leite desnatado (Canadá)	62	100	23
500	Pão de trigo branco/integral com pasta de amendoim (Canadá)	51	100	23
	Pão de trigo branco/integral com pasta de amendoim (Canadá)	67	100	30
	Média de dois estudos	59±8	100	26

Nº do Alimento	Item	IG [2] Glicose = 100	Porção (gramas)	CG [3] por porção
PRODUTOS DE REFORÇO NUTRICIONAL				
501	Choicedm™, baunilha (Mead Johnson Nutritionals, Evansville, IN, EUA)	23±4	237ml	6
502	Enercal Plus™, feita de pó (Wyeth-Ayerst International Inc., Madison, NJ, EUA)	61±13	237ml	24
503	Ensure™ (Abbott Australasia, Kurnell, NSW, Austrália)	50±8	237ml	19
504	Ensure™, baunilha (Abbott Australasia)	48±3	250ml	16
505	Barra Ensure™, brownie de calda de chocolate (Abbott Australasia)	43±3	38	8
506	Ensure Plus™, baunilha (Abbott Australasia)	40±4	237ml	19
507	Ensure Pudding™, baunilha à moda antiga (Abbott Laboratories Inc., Ashland, OH, EUA)	36±4	113	9
508	Glucerna™, baunilha (Abbott Laboratories Inc., EUA) [6]	31±2	237ml	7
509	Jevity™ (Abbott Australásia)	48±3	237ml	17
510	Resource Diabetic™, baunilha francesa (Novartis Nutrition Corp., Young America, MN, EUA) [6]	34±3	237ml	8
511	Resource Diabetic™, chocolate suíço (Novartis, Auckland, Nova Zelândia)	16±4	237ml	7
512	Suco de laranja engrossado Resource™, com consistência de mel (Novartis, Nova Zelândia)	47±9	237ml	18
513	Suco de laranja engrossado Resource™, com consistência de néctar (Novartis, Nova Zelândia)	54±7	237ml	19
514	Bebida de fruta Resource™, sabor pêssego (Novartis, Nova Zelândia)	40±8	237ml	16
515	Sustagen™, chocolate holandês (Mead Johnson, Bristol Myers Squibb, Rydalmere, NSW, Austrália)	31±4	250ml	13
516	Sustagen™ Hospital com fibras extras, bebida feita de mistura em pó (Mead Johnson, Austrália)	33±4	250ml	15
517	Sustagen™ Instant Pudding, baunilha, feita de mistura em pó (Mead Johnson, Austrália)	27±3	250ml	13
518	Ultracal™ com fibra (Mead Johnson, Evansville, IN, EUA)	40	237ml	12
PASTA E MACARRÃO				
519	Macarrão cabelo de anjo (Primo Foods Ltd., Toronto, Canadá)	45	180	20
520	Macarrão de milho, sem glúten (Orgran Natural Foods, Carrum Downs, Vic, Austrália)	78±10	180	32

Nº do Alimento	Item	IG [2] Glicose = 100	Porção (gramas)	CG [3] por porção
521	**Fettucine, ovo**			
	Fettucine, ovo	32±4	180	15
	Fettucine, ovo (Mother Earth Fine Foods, Rowville, Vic, Austrália)	47±6	180	22
	Média de dois estudos	40±8	180	18
522	Macarrão sem glúten, amido de milho, cozido em água fervente por 8min (Reino Unido)	54	180	22
523	Nhoque, não especificado (Latina, Pillsbury Austrália Ltd., Mt. Waverley, Vic, Austrália)	68±9	180	33
524	**Macarrão instantâneo**			
	Macarrão instantâneo, Maggi® (Nestlé, Sidney, NSW, Austrália)	46±5		
	Macarrão instantâneo, Maggi® (Nestlé, Auckland, Nova Zelândia)	48±8		
	Macarrão instantâneo (Mr Noodle, Vancouver, Canadá)	47		
	Média de três estudos	47±1	180	19
525	**Linguine**			
	Grosso, trigo durum, branco, fresco (Suécia)	43	180	21
	Grosso, fresco, farinha de trigo durum, 0,6% de monoglicerídeos (1g/100ml), cozido em água fervente por 8min (Suécia)	48	180	23
	Média de dois estudos	46±3	180	22
	Fino, trigo durum (Suécia)	49	180	23
	Fino, fresco, farinha de trigo durum, 0,6% de monoglicerídeos (1g/100ml), cozido em água fervente por 3min (Suécia)	61	180	29
	Fino, fresco, farinha de trigo durum 39% de ovos (1g/100ml), (Suécia)	45	180	18
	Fino, fresco, com 0,6% de monoglicerídeos (1g/100ml) e 30% de ovos (1g/100ml), cozido em água fervente por 3min (Suécia)	53	180	22
	Média de quatro estudos	52±3	180	23
526	**Talharim oriental**			
	Macarrão Lungkow (National Cereals, Oils & Foodstuffs, Qingdao & Guangdong, China)	26	180	12
	Talharim oriental (Longkou), seco, cozido em água fervente (Yantai cereals, China)	39±9	180	18
	Média de dois estudos	33±7		

N° do Alimento	Item	IG [2] Glicose = 100	Porção (gramas)	CG [3] por porção
527	Macarrão			
	Macarrão, simples, cozido em água fervente por 5min (Lancia--Bravo Foods Ltd., Canadá)	45	180	22
	Macarrão, simples, cozido em água fervente (Turquia)	48	180	23
	Média de dois estudos	47±2	180	23
	Macaroni and Cheese (macarrão e queijo), em caixa (Kraft General Foods Canadá Inc., Don Mills, Ontário)	64	180	32
528	Ravióli, farinha de trigo durum, recheado de carne, cozido em água fervente (Austrália)	39±1	180	15
529	Macarrão/talharim de arroz			
	Talharim de arroz, seco, cozido em água fervente (Thai World, Bangkok, Tailândia)	61±6	180	23
	Talharim de arroz, fresco, cozido em água fervente (Sidney, NSW, Austrália)	40±4	180	15
	Macarrão de arroz, marrom, cozido em água fervente por 16min (Rice Grower's Co-op., Leeton, NSW, Austrália)	92±8	180	35
	Macarrão de arroz e milho, sem glúten, Ris'O'Mais (Orgran Foods, Carrum Downs, Vic, Austrália)	76±6	180	37
	Vermicelli de arroz, Kongmoon (National Cereals, Oils & Foodstuffs, China)	58	180	22
	Espaguete			
530	Espaguete, sem glúten, com arroz e ervilha, enlatado em molho de tomate (Orgran Foods, Austrália)	68±9	220	19
531	Espaguete, enriquecido com proteína, cozido em água fervente por 7min (Catelli Plus, Catelli Ltd., Montreal, Canadá)	27	180	14
532	Espaguete, branco, cozido em água fervente por 5min			
	Cozido em água fervente por 5min (Lancia-Bravo Foods Ltd., Canadá)	32	180	15
	Cozido em água fervente por 5min (Canadá)	34	180	16
	Cozido em água fervente por 5min (Canadá)	40	180	19
	Cozido em água fervente por 5min (Oriente Médio)	44	180	21
	Média de quatro estudos	38±3	180	18

Nº do Alimento	Item	IG [2] Glicose = 100	Porção (gramas)	CG [3] por porção
533	**Espaguete, branco ou tipo não especificado, cozido em água fervente por 10-15min**			
	Branco, trigo durum, cozido em água fervente por 10min em água salgada (Barilla, Parma, Itália) [12]	58	180	28
	Branco, farinha de trigo durum, cozido em água fervente por 12min (Starhushålls, Kungsörnen AB, Järna, Suécia)	47	180	23
	Branco, farinha de trigo durum, 0,6% de monoglicerídeos (1g/100ml), cozido em água fervente por 12min (Suécia)	53	180	25
	Cozido em água fervente por 15min (Lancia-Bravo Foods Ltd., Canadá)	32	180	15
	Cozido em água fervente por 15min (Lancia-Bravo Foods Ltd., Canadá)	36	180	17
	Cozido em água fervente por 15min (Canadá)	41	180	20
	Branco, cozido em água salgada fervente por 15min (Unico, Concord, Canadá)	44±3	180	21
	Média de sete estudos	44±3	180	21
534	**Espaguete, branco ou tipo não especificado, cozido em água fervente por 20min**			
	Branco, trigo durum, cozido em água fervente por 20min (Austrália)	58±7	180	26
	Trigo durum, cozido em água fervente por 20min (EUA)	64±15	180	27
	Média de dois estudos	61±3	180	27
535	**Espaguete, branco, cozido em água fervente**			
	Branco (Dinamarca)	33	180	16
	Branco, trigo durum (Catelli Ltd., Montreal, Canadá)	34	180	16
	Branco (Austrália)	38	180	17
	Branco (Canadá)	42	180	20
	Branco (Canadá)	48	180	23
	Branco (Vetta, Greens Foods, Glendenning, NSW, Austrália)	49±7	180	22
	Branco (Canadá)	50±8	180	24
	Média de sete estudos	42±3	180	20

N° do Alimento	Item	IG [2] Glicose = 100	Porção (gramas)	CG [3] por porção
536	**Espaguete, branco, sêmola de trigo durum (Panzani, Marseilles, França)**			
	Cozido em água salgada fervente 0,7% por 11min	59±15	180	28
	Cozido em água salgada fervente 0,7% por 16,5min	65±15	180	31
	Cozido em água salgada fervente 0,7% por 22min	46±10	180	22
	Média de três tempos de cozimento	57±6	180	27
537	**Espaguete, integral, cozido em água fervente**			
	Integral (EUA)	32	180	14
	Integral (Canadá)	42±4	180	17
	Média de dois estudos	37±5	180	16
538	Spirali, trigo durum, branco, cozido à textura *al dente* (Vetta, Austrália)	43±10	180	19
539	Conchas de massa com ervilha e soja, sem glúten (Orgran Foods, Austrália)	29±6	180	9
540	Star Pastina, branco, cozido em água fervente por 5min (Lancia--Bravo Foods Ltd., Canadá)	38	180	18
541	Tortellini, queijo (Stouffer, Nestlé, Don Mills, Canadá)	50	180	10
542	Talharim udon, simples, reaquecido por 5min (Fantastic, Windsor Gardens, SA, Austrália) [6]	62±8	180	30
543	Vermicelli, branco, cozido em água fervente (Austrália)	35±7	180	16
	LANCHES E DOCES			
544	Burger Rings™, sabor churrasco (Smith's Snack Food Co., Chatswood, NSW, Austrália)	90±16	50	28
545	**Chocolate ao leite simples**			
	Chocolate ao leite simples com sacarose (Bélgica) [6]	34±5	50	7
	Chocolate ao leite (Cadbury's Confectionery, Ringwood, Vic, Austrália)	49±6	50	14
	Chocolate ao leite, Dove® (Mars Confectionery, Ballarat, Vic, Austrália)	45±8	50	13
	Chocolate ao leite (Nestlé, Sidney, NSW, Austrália)	42±8	50	13
	Média de quatro estudos	43±3	50	12
	Chocolate ao leite simples, baixo teor de açúcar com maltitol (Bélgica) [6]	35±16	50	8

Nº do Alimento	Item	IG [2] Glicose = 100	Porção (gramas)	CG [3] por porção
546	Chocolate branco Milky Bar® (Nestlé, Austrália)	44±6	50	13
547	Salgadinhos de milho			
	Salgadinhos de milho, simples, temperados com sal (Doritos™ original, Smith's Snack Food Co., Austrália, 1998)	42±4	50	11
	Salgadinhos de milho, simples, temperados com sal (Doritos™ original, Smith's Snack Food Co., Austrália, 1985)	72	50	18
	Nachips™ (Old El Paso Foods Co., Canadá)	74	50	24
	Média de três estudos	63±10	50	17
548	Barras de fruta			
	Barra de fruta recheada de damasco (recheio de purê de damasco seco em massa integral) (Mother Earth, Auckland, Nova Zelândia)	50±8	50	17
	Heinz Kidz™ Fruit Fingers, banana (HJ Heinz, Malvern, Vic, Austrália)	61±11	30	12
	Real Fruit Bars, morango (Uncle Toby's, Wahgunyah, Vic, Austrália)	90±12	30	23
	Roll-Ups® , lanchinho de frutas processadas (Uncle Toby's, Austrália)	99±12	30	24
549	Fruity Bitz™ , lanchinhos de fruta, enriquecidos com vitaminas e minerais			
	Fruity Bitz™, damasco (Blackmores Ltd., Balgowlah, NSW, Austrália)	42±3	15	5
	Fruity Bitz™, frutinhas (Blackmores Ltd., Austrália)	35±4	15	4
	Fruity Bitz™, tropical (Blackmores Ltd., Austrália)	41±3	15	5
	Média de três sabores	39±2	15	4
550	Jujubas			
	Jujubas, cores sortidas (Allen's, Nestlé, Sidney, NSW, Austrália)	80±8		
	Jujubas, cores sortidas (Savings, Grocery Holdings, Tooronga, Vic, Austrália)	76±6		
	Média de dois estudos	78±2	30	22
551	Kudos Whole Grain Bars, lascas de chocolate (M & M/Mars, NJ, EUA)	62±8	50	20
552	Life Savers® , bala de hortelã (Nestlé, Austrália)	70±6	30	21
553	M & M's® , amendoim (Mars Confectionery, Austrália)	33±3	30	6

Nº do Alimento	Item	IG [2] Glicose = 100	Porção (gramas)	CG [3] por porção
554	Mars Bar®			
	Mars Bar® (Mars Confectionery, Austrália)	62±8	60	25
	Mars Bar® (M&M/Mars, EUA)	68±12	60	27
	Média de dois estudos	65±3	60	26
555	Barra de muesli, contendo frutas secas (Uncle Toby's, Austrália)	61±7	30	13
556	Nougat, Jijona (La Fama, Spain)	32	30	4
557	Nutella® , pasta de chocolate e avelã (Ferrero Austrália, Milson's Point, NSW, Austrália)	33±4	20	4
	Nozes			
558	Castanhas de caju, salgadas (Coles Supermarkets, Austrália) [6]	22±5	50	3
559	Amendoins			
	Amendoins, triturados (África do Sul) [6]	7±4	50	0
	Amendoins (Canadá) [6]	13±6	50	1
	Amendoins (México) [6]	23	50	2
	Média de três estudos	14±8	50	1
560	Pipocas			
	Pipoca, simples, cozida em micro-ondas (Green's Foods, Glen-denning, NSW, Austrália)	55±7	20	6
	Pipoca, simples, cozida em micro-ondas (Uncle Toby's, Austrália)	89	20	10
	Média de dois estudos	72±17	20	8
561	Pop Tarts™, chocolate duplo (Kellogg's, Pagewood, NSW, Austrália)	70±2	50	24
562	Batatas chips			
	Batatas chips, simples, temperadas com sal (Arnott's, Home-bush, NSW, Austrália)	57	50	10
	Batatas chips, simples, temperadas com sal (Canadá)	51±7	50	12
	Média de dois estudos	54±3	50	11
563	Pretzels, assados em forno, sabor tradicional de trigo (Parker's, Smith's Snack Food Co., Austrália)	83±9	30	16
564	Skittles® (Mars Confectionery, Austrália)	70±5	50	32

Nº do Alimento	Item	IG [2] Glicose = 100	Porção (gramas)	CG [3] por porção
565	**Lanches**			
	Lanche, Apple Cinnamon – maçã e canela (Con Agra Inc., Omaha, NE, EUA)	40±8	50	12
	Lanche, Peanut Butter & Choc-Chip – pasta de amendoim e lascas de chocolate (Con Agra Inc., EUA)	37±6	50	10
566	**Snickers Bar®**			
	Snickers Bar® (Mars Confectionery, Austrália)	41±5	60	15
	Snickers Bar® (M&M/Mars, EUA)	68	60	23
	Média de dois estudos	55±14	60	19
567	Twisties™, sabor de queijo, lanche prensado, arroz e milho (Smith's Snackfood Co., Austrália)	74±5	50	22
568	Twix® Cookie Bar, caramelo (M&M/Mars, EUA)	44±6	60	17
	BARRAS ESPORTIVAS			
569	**Power Bar®**			
	Power Bar® , chocolate (Powerfood Inc., Berkeley, CA, EUA)	58±5		
	Power Bar® , chocolate (Powerfood Inc., Berkeley, CA, EUA)	53		
	Média de dois estudos	56±3	65	24
570	Ironman PR bar® , chocolate (PR Nutrition, San Diego, CA, EUA)	39	65	10
	SOPAS			
571	Feijão preto (Wil-Pack Foods, San Pedro, CA, EUA)	64	250	17
572	Ervilha verde, enlatada (Campbell Soup Co Ltd., Toronto, Canadá)	66	250	27
573	Lentilha, enlatada (Unico, Concord, Canadá)	44	250	9
574	Minestrone, tradicional, Country Ladle™ (Campbell's Soups, Homebush, NSW, Austrália) [6]	39±3	250	7
575	Sopa de talharim (sopa turca tradicional, com caldo e talharim)	1	250	0
576	Ervilha (Wil-Pak Foods, EUA)	60	250	16
577	Sopa tarhana (sopa turca tradicional com farinha de trigo, iogurte, tomate, pimentas)	20		
578	Sopa de tomate (Canadá)	38±9	250	6

Nº dõ Alimento	Item	IG [2] Glicose = 100	Porção (gramas)	CG [3] por porção
	AÇÚCARES E POLIÓIS			
579	**Néctar de cacto agave azul, com alto teor de frutose**			
	Organic Agave Cactus Nectar (néctar de cacto agave orgânico), light, 90% de frutose (Western Commerce Corp., City of Industry, CA, EUA) [6]	11±1	10	1
	Organic Agave Cactus Nectar (néctar de cacto agave orgânico), light, 97% de frutose (Western Commerce Corp., EUA) [6]	10±1	10	1
580	**Frutose**			
	Porção de 25g (Sweeten Less, Maximum Nutrition Inc., Toronto, Canadá) [6]	11		
	Porção de 50g (Sweeten Less, Maximum Nutrition Inc., Toronto, Canadá)	12		
	Porção de 50g	20±5		
	Porção de 50g	21		
	Porção de 50g (Sigma Chemical Company, St. Louis, MO, EUA)	24		
	Porção de 25g, alimentada com aveia [28]	25		
	Média de seis estudos	19±2	10	2
581	**Glicose**			
	Porção de 50g (dextrose)	85		
	Porção de 25g, alimentada com aveia [28]	92		
	Porção de 50g	93		
	Porção de 50g (dextrose)	96		
	Porção de 50g	96		
	Porção de 50g (Bio-Health, Dawson Traders Ltd., Toronto, Canadá)	96		
	Porção de 50g	100		
	Porção de 50g (tabletes de glicose Glucodin™, Boots, North Ryde, NSW, Austrália)	102±9		
	Porção de 25g (Bio-Health, Canadá) [6]	103		
	Porção de 50g (dextrose)	111		
	Porção de 100g (Bio-Health, Canadá) [12]	114		
	Média de 11 estudos	99±3	10	10

Nº do Alimento	Item	IG[2] Glicose = 100	Porção (gramas)	CG[3] por porção
	Glicose consumida com ginseng americano (Panax quinquefolius L.)			
582	25g de glicose (solução Glucodex, Rougier Inc., Chambly, Quebec) com 3g de ginseng seco [5]	78	10	8
583	25g de glicose (Glucodex) 40min antes de 3g de ginseng seco [5]	80		
	25g de glicose (Glucodex) 40min depois de 3g de ginseng seco [5]	76		
	Média em dois grupos de indivíduos	78±2	10	8
584	**Glicose consumida com goma/fibra**			
	46g de glicose + 15g de extratos de fibra de maçã e laranja (FITA, Chatswood, NSW, Austrália) (conteúdo total de carboidratos da bebida = 50g)	79±3	10	6
	50g de glicose + 14,5g de goma guar	62	10	6
	50g de glicose + 14,5g de goma de aveia (78% de ß-glicanas da aveia)	57	10	6
	100g de glicose + 20g de goma arábica [5]	85	10	9
585	**Glicose consumida com uma refeição mista**			
	30g de glicose com bife de hambúrguer grelhado de 150g, 30g de queijo, 10g de manteiga (refeição total contendo 50g carboidratos) (França)	55		
	30g de glicose com bife de hambúrguer grelhado de 150g, 30g de queijo, 10g de manteiga (refeição total contendo 50g carboidratos) (França)	57		
	Média em dois grupos de indivíduos	56±1	250	20
586	**Mel**			
	Mel de acácia (Romênia) [6]	32	25	7
	Eucalipto – *Eucalyptus melliodora* (46% de frutose) (Austrália) [6]	35±4	25	6
	Eucalipto – *Eucalyptus macrorrhyncha* (52% de frutose) (Austrália) [6]	44±4	25	9
	Eucalipto – *Eucalyptus camaldulensis* (35% de frutose) (Austrália) [6]	46±3	25	8
	Eucalipto – *Eucalyptus tetragona* (34% de frutose) (Austrália) [6]	48±3	25	7
	Mel yapunya (42% de frutose) (Austrália) [6]	52±5	25	9
	Puro (Capilano Honey Ltd., Richlands, Qld, Austrália)	58±6	25	12
	Mistura comercial (38% de frutose) (WA blend, Capilano Honey Ltd., Austrália) [6]	62±3	25	11

Nº do Alimento	Item	IG [2] Glicose = 100	Porção (gramas)	CG [3] por porção
	Erva borraginácea – *Echium plantagineum* (32% de frutose) (Austrália) [6]	64±5	25	10
	Mistura comercial (28% de frutose) (NSW blend, Capilano Honey Ltd., Austrália) [6]	72±6	25	9
	Mel, não especificado (Canadá) [6]	87±8	25	18
	Média de 11 tipos de mel	55±5	25	10
587	Lactose			
	50g de lactose (Sigma Chemical Company, EUA)	43		
	25g de lactose (BDH, Poole, Reino Unido) [6]	48		
	25g de lactose [28]	48		
	Média de três estudos	46±2	10	5
588	50g de maltose	105±12	10	11
589	Sacarose			
	50g de sacarose (Sigma Chemical Company, EUA)	58		
	50g de sacarose (Redpath Sugars, Toronto, Canadá)	58		
	50g de sacarose	59±10		
	50g de sacarose	60		
	25g de sacarose (Redpath Sugars, Canadá) [6]	60		
	25g de sacarose [28]	64		
	50g de sacarose	65±9		
	100g sacarose (Redpath Sugars, Canadá) [12]	65		
	30g de sacarose [29]	82		
	25g de sacarose [6]	110±21		
	Média de 10 estudos	68±5	10	7
	Polióis e composições de substituição ao açúcar			
590	Lactitol			
	25g de lactitol [30]	-1±7		
	25g de lactitol MC (Danisco Sweeteners, Redhill, Surrey, Reino Unido) [30]	3±1		
	Média de dois estudos	2±3	10	0

Nº do Alimento	Item	IG [2] Glicose = 100	Porção (gramas)	CG [3] por porção
591	Litesse			
	25g Litesse II, agente de corpo com polidextrose e sorbitol (Danisco Sweeteners, Reino Unido) [30]	7±2	10	1
	25g Litesse III ultra, agente de corpo com polidextrose e sorbitol (Danisco Sweeteners, Reino Unido) [30]	4±2	10	0
592	Adoçantes à base de maltitol ou agente de corpo			
	25g de Malbit CR (87% de maltitol) (Cerestar, Vilvoorde, Bélgica) [30]	30±12	10	3
	25g de Maltidex 100 (> 72% de maltitol) (Cerestar, Vilvoorde, Bélgica) [30]	44±11	10	4
	25g de Malbit CH (99% de maltitol) (Cerestar, Vilvoorde, Bélgica) [30]	73±29	10	7
	25g de Maltidex 200 (50% de maltitol) (Cerestar, Vilvoorde, Bélgica) [30]	89±28	10	9
593	Xilitol			
	25g xilitol [30]	7±7		
	25g Xylitol C (Danisco Sweeteners, Reino Unido) [30]	8±2		
	Média de dois estudos	8±1	10	1
	VEGETAIS			
594	Favas (Canadá) [6]	79±16	80	9
595	Ervilhas verdes			
	Ervilha, congelada, cozida em água fervente (Canadá) [6]	39	80	3
	Ervilha, congelada, cozida em água fervente (Canadá) [6]	51±6	80	4
	Ervilha verde (*Pisum Sativum*) (Índia) [11]	54±14	80	4
	Média de três estudos	48±5	80	3
596	Abóbora (África do Sul)	75±9	80	3
597	Milho verde			
	Milho verde, variedade "Honey & Pearl" (Nova Zelândia)	37±12	80	6
	Milho verde na espiga, cozido em água fervente por 20min (Sidney, Austrália)	48	80	8
	Milho verde (Canadá)	59±11	80	11
	Milho verde, cozido em água fervente (EUA)	60	80	11
	Milho verde, cozido em água fervente (EUA)	60	80	11

Nº do Alimento	Item	IG [2] Glicose = 100	Porção (gramas)	CG [3] por porção
	Milho verde (África do Sul)	62±5	80	11
	Média de seis estudos	54±4	80	9
	Milho verde, grãos integrais, embalagem para dieta, peso leve, enlatado, drenado, aquecido (EUA)	46	80	7
	Milho verde, congelado, reaquecido no forno de micro-ondas (Green Giant, Pillsbury Canadá Ltd., Toronto, Canadá)	47	80	7
	Raízes			
598	Beterraba (Canadá) [6]	64±16	80	5
599	**Cenouras**			
	Cenouras, cruas (Romênia) [5, 6]	16	80	1
	Cenouras, descascadas, cozidas em água fervente (Sidney, NSW, Austrália) [6]	32±5	80	1
	Cenouras, descascadas, cozidas em água fervente (Sidney, NSW, Austrália) [6]	49±2	80	2
	Cenouras, não especificados (Canadá) [6]	92±20	80	5
	Média de quatro estudos	47±16	80	3
600	Mandioca, cozida em água fervente, com sal (Quênia, África)	46	100	12
601	Nabos (Canadá) [6]	97±19	80	12
	Batata			
602	**Batata assada**			
	Tipo Ontário, branca, cozida com casca (Canadá)	60	150	18
603	**Batata Russet Burbank assada**			
	Tipo Russet, assada sem gordura (Canadá)	56		
	Tipo Russet, assada sem gordura, por 45-60min (EUA)	78		
	Tipo Russet, assada sem gordura (EUA)	94		
	Tipo Russet, assada sem gordura (EUA)	111		
	Média de quatro estudos	85±12	150	26
604	**Batata cozida em água fervente**			
	Tipo Desiree, descascada, cozida em água fervente por 35min (Austrália)	101±15	150	17
	Tipo Nardine (Nova Zelândia)	70±17	150	18
	Tipo Ontário, branca, descascada, cortada em cubos, cozida em água salgada fervente por 15min (Canadá)	58	150	16

Nº do Alimento	Item	IG [2] Glicose = 100	Porção (gramas)	CG [3] por porção
	Tipo Pontiac, descascada, cozida em água fervente por inteiro por 30min (Austrália)	56	150	14
	Tipo Pontiac, descascada, cozida em água fervente por 35min (Austrália)	88±9	150	16
	Tipo Ilha do Príncipe Eduardo, descascada, cortada em cubos, cozida em água salgada fervente por 15min (Canadá)	63	150	11
	Tipo Sebago, descascada, cozida em água fervente por 35min (Austrália)	87±7	150	14
605	**Cozida em água fervente/cozida, branca/não especificada**			
	Tipo não especificado (Quênia, África)	24	150	7
	Branca, cozida (Romênia) [5]	41	150	12
	Branca, cozida em água fervente (Canadá)	54	150	15
	Tipo não especificado, cozida (Austrália)	56	150	11
	Tipo não especificado, cozida em água salgada (Índia)	76	150	26
	Média de cinco estudos	50±9	150	14
	Tipo não especificado, cozida em água salgada fervente, refrigerada, reaquecida (Índia)	23	150	8
606	**Batatas enlatadas**			
	Tipo Ilha do Príncipe Eduardo, enlatada, aquecida no micro-ondas (Avon, Cobi Foods Inc., Port Williams, Canadá)	61	150	11
	Nova, enlatada, aquecida no micro-ondas por 3min (Mint Tiny Taters, Edgell's, Cheltenham, Vic, Austrália)	65±9	150	12
	Média de dois estudos	63±2	150	11
607	**Batatas fritas**			
	Batatas fritas, congeladas, reaquecidas em forno de micro-ondas (Cavendish Farms, New Annan, Canadá)	75	150	22
608	**Purê de batatas instantâneo**			
	Instantâneo (França)	74±12		
	Instantâneo (Canadá)	80±13		
	Instantâneo (Edgell's Potato Whip, Edgell's, Austrália)	86		
	Instantâneo (Carnation Foods Co. Ltd., Manitoba, Canadá)	86		
	Instantâneo (Canadá)	88		
	Purê de batatas instantâneo (Idahoan Foods, Lewisville, ID, EUA)	97±6		
	Média de seis estudos	85±3	150	17

Nº do Alimento	Item	IG [2] Glicose = 100	Porção (gramas)	CG [3] por porção
609	**Purê de batatas**			
	Tipo não especificado (Canadá)	67		
	Tipo não especificado (África do Sul)	71±10		
	Tipo não especificado (França)	83		
	Média de três estudos	74±5	150	15
	Tipo Ilha do Príncipe Eduardo, descascada, cortada em cubos, cozida em água fervente por 15min, amassada (Canadá)	73	150	13
	Tipo Pontiac, descascada, cortada em cubos, cozida em água fervente por 15min, amassada (Austrália)	91±9	150	18
610	**Batatas preparadas no micro-ondas**		150	12
	Tipo Pontiac, descascadas e preparadas no micro-ondas, modo alto, por 6-7,5min (Austrália)	79±9	150	14
	Tipo não especificado, preparadas no micro-ondas (EUA)	82	150	27
611	**Batata Nova**			
	Nova (Canadá)	47		
	Nova (Canadá)	54		
	Nova (Canadá)	70±8		
	Média de três estudos	57±7	150	12
	Nova, com casca e cozida em água fervente por 20min (Austrália)	78±12	150	16
612	**Batata cozida a vapor**			
	Batata descascada, cozida a vapor por 1h (*Solanum Tuberosum*) (Índia) [11]	65±11	150	18
	Bolinho de batata (farinha de trigo branca, batatas brancas, cozidas em água salgada fervente (Itália)	52	150	24
613	**Batata-doce**			
	Batata-doce, *Ipomoea batatas* (Austrália)	44	150	11
	Batata-doce, não especificada (Canadá)	48±6	150	16
	Batata-doce, descascada, cortada em cubos, cozida em água salgada fervente por 15min (Canadá)	59	150	18
	Batata-doce, kumara (Nova Zelândia)	77±12	150	19
	Batata-doce, kumara (Nova Zelândia)	78±6	150	20
	Média de cinco estudos	61±7	150	17

Nº do Alimento	Item	IG [2] Glicose = 100	Porção (gramas)	CG [3] por porção
614	Rutabaga			
	Rutabaga (Canadá) [6]	72±8	150	7
615	Tapioca			
	Tapioca cozida com leite (General Mills Canadá Inc., Etobicoke, Canadá)	81	250	14
	Tapioca (*Manihot utilissima*), cozida a vapor por 1h (Índia) [11]	70±10	250	12
616	Inhame-coco			
	Inhame-coco (*Colocasia esculenta*), descascado, cozido em água fervente (Austrália)	54		
	Inhame-coco, descascado, cozido em água fervente (Nova Zelândia)	56±12		
	Média de dois estudos	55±1	150	4
617	Inhame			
	Inhame, descascado, cozido em água fervente (Nova Zelândia)	25±4		
	Inhame, descascado, cozido em água fervente (Nova Zelândia)	35±5		
	Inhame (Canadá)	51±12		
	Média de três estudos	37±8	150	13
	COMIDAS NATIVAS OU TRADICIONAIS DE DIFERENTES GRUPOS ÉTNICOS			
	AFRICANA			
618	Feijão-manteiga (África do Sul)	24±8	50 (seco)	6
622	Mandioca, cozida em água fervente, com sal (Quênia)	46	100	12
624	Ga kenkey, preparada com farinha de milho fermentado (*Zea mays*) (Gana) [31]	12±1	150	7
625	Gari, massa de mandioca tostada (*Manihot utilissima*) (Gana) [31]	56±3	100	15
619	Gram dhal (chana dal; África do Sul)	5±3	50 (seco)	1
620	Mingau de milho, não refinado, com farinha de milho: água = 1:3 (África do Sul)	71±6	50 (seco)	25
	Mingau de milho, refinado, com farinha de milho: água = 1:3 (África do Sul)	74±7	50 (seco)	30
	Mingau de farinha de milho (Quênia)	109	50 (seco)	41

N° do Alimento	Item	IG [2] Glicose = 100	Porção (gramas)	CG [3] por porção
621	M'fino/Morogo, verdes selvagens (África do Sul)	68±8	120	34
623	Mingau de farinha de milheto (Quênia)	107		
626	Banana-da-terra não madura (*Musa paradisiaca*) (Gana) [31]	40±4	120 (crua)	13
627	Inhame (*Dyscoria species*) (Gana) [31]	66	150	23
	ÁRABE E TURCA			
628	Homus (pasta de salada de grão-de-bico)	6±4	30	0
629	Quibe (feito de carne de cordeiro e trigo para quibe)	61±16	120	9
630	Pão libanês (branco, sem folhas), homus, falafel e tabule	86±12	120	39
631	Majadra (sírio, lentilhas e arroz)	24±5	250	10
632	Cuscuz marroquino (guisado de sêmola, grão-de-bico e vegetais)	58±9	250	17
633	Folhas de videira recheadas (arroz e cordeiro recheado com molho de tomate)	30±11	100	5
634	Sopa tarhana (farinha de trigo, iogurte, tomate, pimenta verde)	20		
635	Pão turco, farinha de trigo branca	87	30	15
636	Pão turco, trigo integral	49	30	8
637	Sopa turca de talharim	1	250	0
	ASIÁTICA			
638	Arroz quebrado, branco, cozido em panela de arroz (Lion foods, Bangkok, Tailândia)	86±10	150	37
639	Arroz com manteiga, arroz branco quente e manteiga (Japão)	79	150	40
640	Arroz curry (Japão)	67	150	41
641	Arroz curry com queijo (Japão)	55	150	27
642	Arroz glutinoso, branco, cozido em panela de arroz (Bangsue Chia Meng Rice Co., Bangkok, Tailândia)	98±7	150	31
	Arroz glutinoso não especificado (Esubi Shokuhin, Japão)	86	150	55
	Média de dois estudos	92±6	150	44
643	Bolinho de arroz glutinoso com bolo glutinoso picado (mochi) (Japão)	48	75	14
644	Bolo de arroz glutinoso com algas marinhas secas (Japão)	83	75	32
645	Farinha de arroz glutinoso, instantâneo, servido quente com soja da terra tostada (Japão)	65	100	27

Nº do Alimento	Item	IG [2] Glicose = 100	Porção (gramas)	CG [3] por porção
646	Arroz jasmine, branco, cozido em panela de arroz (Golden World Foods, Bangkok, Tailândia)	109±10	150	46
647	Arroz branco com baixo teor de proteína, com algas marinhas secas (Japão)	70	150	42
648	Macarrão Lungkow (National Cereals, Oils & Foodstuffs, Qingdao & Guangdong, China)	26	180	12
649	Lichia, enlatada em calda, drenada (Narcissus brand, China)	79±8	120	16
650	Talharim de feijão mung, seco, cozido em água fervente (China)	39±9	180	18
651	Farinha de arroz não glutaminoso, servido quente, com bebida (Yamato NoEUAn, Japão)	68	100	34
652	Biscoito cracker de arroz, simples (Sakada, Japão)	91	30	23
653	Papa de arroz com algas secas (Satou Co Ltd., Japão)	81	250	15
654	Talharim de arroz, seco, cozido em água fervente (Thai World, Bangkok, Tailândia)	61±6	180	23
655	Talharim de arroz, fresco, cozido em água fervente (Sidney, NSW, Austrália)	40±4	180	15
656	Vermicelli de arroz, Kongmoon (National Cereals, China)	58	180	22
657	Bolinho de arroz assado e dourado (Satou Co Ltd., Japão)	77	75	21
658	Bolinho de arroz salgado (Satou Co Ltd., Japão)	80	75	20
659	Sobá, instantâneo, reaquecido em água quente, servido com sopa (Japão)	46	180	22
660	Vegetais, frango e arroz fritos (stir-fry), feitos em casa (Austrália)	73±17	360	55
661	Sushi, salmão (Cadeia de restaurantes I Love Sushi, Sidney, NSW, Austrália) [6]	48±8	100	17
	Sushi, algas marinhas douradas no forno, vinagre e arroz (Japão)	55	100	20
	Média de dois estudos	52±4	100	19
662	Talharim udon, fresco, reaquecido (Fantastic, Windsor Gardens, SA, Austrália) [6]	62±8	180	30
	Talharim udon, instantâneo, com molho e tofu frito de feijão (Nishin Shokuhin, Japão)	48	180	23
	Média de dois estudos	55±7	180	26
663	Arroz branco, algas marinhas secas e leite, consumidos juntos (Japão)	57		
	Arroz branco, algas marinhas secas e leite (leite tomado antes do arroz) (Japão)	56		

Nº do Alimento	Item	IG [2] Glicose = 100	Porção (gramas)	CG [3] por porção
	Arroz branco, algas marinhas secas e leite (leite tomado depois do arroz) (Japão)	55		
	Média de três tipos	56±1	300	26
664	Arroz branco com tira de peixe seco (*okaka*) (Japão)	79	150	40
665	Arroz branco com soja fermentada (*natto*) (Japão)	56	150	24
666	Arroz branco com sopa instantânea missô (sopa de pasta de soja) (Japão)	61	150	29
667	Arroz branco com leite desnatado (Japão)	69	300	32
668	Arroz branco e iogurte sem açúcar (iogurte consumido antes do arroz) (Japão)	59		
	Arroz branco e iogurte sem açúcar, consumidos juntos (Japão)	58		
	Média de dois tipos	59±1	150	19
669	Arroz branco com picles de vinagre e pepino (picles consumido antes do arroz) (Japão)	63		
	Arroz branco com picles de vinagre e pepino (picles consumido com o arroz) (Japão)	61		
	Média de dois tipos	62±1	150	27
670	Arroz branco coberto com ovo cru e *shoyu* (Japão)	72	150	26
671	Arroz branco com soja da terra dourada ao forno (Japão)	56	150	29
672	Arroz branco com ameixa seca salgada (*umeboshi*) (Japão)	80	150	39
673	Arroz branco com pedaço de algas marinhas tostadas e prensadas (Japão)	77	150	39
	ASIÁTICA INDIANA			
674	Amaranto (*Amaranthus esculentum*), estourado, consumido com leite e adoçante não nutritivo	97±19	30	18
675	Bajra (*Penniseteum typhoideum*), consumido com pão dourado ao forno, feito de farinha de bajra	55±13		
	Bajra (*Penniseteum typhoideum*)	49		
	Bajra (*Penniseteum typhoideum*)	67		
	Média de três estudos	57±5	75 (seco)	29
676	Banana (*MEUA sapientum*), variedade Nendra, não amadurecida, cozida a vapor durante 1h [11]	70±11	120	31

Nº do Alimento	Item	IG [2] Glicose = 100	Porção (gramas)	CG [3] por porção
677	Cevada (*Hordeum vulgare*)	48		
	Cevada (*Hordeum vulgare*)	37		
	Média em dois grupos de indivíduos	43±6	150	16
678	Grão-de-bico (*chana dal*)	11	150	4
679	Feijão-mungo (*Phaseolus mungo*), de molho por 12h, mantido úmido por 24h, cozido a vapor por 1h [11]	43±10	150	8
	Chapatti			
680	Chapatti, composto de farinhas de amaranto-trigo (25:75), servido com cabaça e *curry* de tomate	66±10	60	20
681	Chapatti, composto de farinhas de amaranto-trigo (50:50) servido com cabaça e *curry* de tomate	76±20	60	23
682	Chapatti, baisen	27		
683	Chapatti, bajra	67		
	Chapatti, bajra	49		
	Média em dois grupos de indivíduos	58±9		
684	Chapatti, cevada	37		
	Chapatti, cevada	48		
	Média em dois grupos de indivíduos	42±5		
685	Chapatti, milho (*Zea mays*)	64		
	Chapatti, milho (*Zea mays*)	59		
	Média em dois grupos de indivíduos	62±3		
686	Chapatti, trigo, servido com cabaça e *curry* de tomate	66±9	60	21
687	Chapatti, farinha de trigo maltado, grão-de-bico selvagem da Turquia (*Phaseolus aconitifolius*) e grão-de-bico (*Cicer arietinum*)	66±9	60	25
688	Chapatti, farinha feita de trigo estourado, grão-de-bico selvagem da Turquia e grão-de-bico	40±8	60	14
689	Chapatti, farinha de flocos de trigo seco, grão-de-bico selvagem da Turquia e grão-de-bico	60±9	60	23
690	Chapatti, farinha de trigo, fino, com feijão-mungo (*Phaseolus aureus*)	81±4	200	41
	Chapatti, farinha de trigo, fino, com feijão-mungo (*Phaseolus aureus*)	44±3	200	22
	Média em dois grupos de indivíduos	63±19	200	32

Nº do Alimento	Item	IG [2] Glicose = 100	Porção (gramas)	CG [3] por porção
	Cheela (panqueca fina aromática, feita de massa de farinha e legumes)			
691	Cheela, grão-de-bico (*Cicer arietinum*)	42±1	150	12
	Cheela, grão-de-bico (*Cicer arietinum*), massa fermentada	36±1	150	10
692	Cheela, feijão-mungo (*Phaseolus aureus*)	45±1	150	12
	Cheela, feijão-mungo (*Phaseolus aureus*), massa fermentada	38±1	150	10
693	Dhokla, deixada descansar, fermentada, cozida a vapor; grão--de-bico descascado e sêmola de trigo	35±4		
	Dhokla, deixada descansar, fermentada, cozida a vapor; grão--de-bico descascado e sêmola de trigo	31±6		
	Média em dois grupos de indivíduos	33±2	100	6
694	Dosai (arroz parboilizado e cru, colocado de molho, triturado, fermentado e frito) com *chutney*	77±3	150	30
	Dosai (arroz parboilizado e cru, colocado de molho, triturado, fermentado e frito) com *chutney*	55±2	150	22
	Média em dois grupos de indivíduos	66±11	150	26
695	Feijão-mungo (*Phaseolus aureus*), de molho por 12h, armaze-nado úmido por 24h, cozido ao vapor por 1h [11]	38±14	150	6
696	Feijão-mungo, integral, com painço (*Paspalum scorbiculatum*), cozido na pressão	57±6	80 (seco)	29
697	Dhal de feijão-mungo com painço (*Paspalum scorbiculatum*), cozido na pressão	78±12	78 (seco)	39
698	Caupi (*Dolichos biorus*), de molho por 12h, armazenado úmido por 24h, cozido ao vapor por 1h [11]	51±11	150	15
699	Idli (arroz parboilizado e cru + feijão-mungo, colocado de molho, triturado, fermentado, cozido a vapor) com *chutney*	77±2	250	40
	Idli (arroz parboilizado e cru + feijão-mungo, colocado de molho, triturado, fermentado, cozido a vapor) com *chutney*	60±2	250	31
	Média em dois grupos de indivíduos	69±9	250	36
700	Sorgo, pão dourado ao forno, feito de farinha sorgo (*Sorghum vulgare*)	77±8	70 (seco)	39

Nº do Alimento	Item	IG [2] Glicose = 100	Porção (gramas)	CG [3] por porção
701	Laddu (amaranto estourado, milheto rabo-de-raposa, pó de legumes dourados ao forno, sementes de feno-grego) em calda quente doce	24±4		
	Laddu (amaranto estourado, milheto rabo-de-raposa, pó de legumes dourados ao forno, sementes de feno-grego) em calda quente doce	29±4		
	Média em dois grupos de indivíduos	27±3	50	8
702	Lentilha e *curry* de couve-flor com arroz (Austrália)	60±10	360	31
703	Milheto (*Eleucine coracana*), descascado, de molho por 12h, armazenado úmido por 24h, cozido ao vapor por 1h [11]	68±10	150	23
704	Milheto (*Eleucine coracana*) [11]	84	70 (seco)	42
	Milheto (*Eleucine coracana*), farinha consumida como pão dourado ao forno	104±13	70 (seco)	52
	Média de dois estudos	94±10		
705	Pongal (arroz e feijão-mungo dourado ao forno, cozidos na pressão)	90±3		
	Pongal (arroz e feijão-mungo dourado ao forno, cozidos na pressão)	45±2		
	Média em dois grupos de indivíduos	68±23	250	35
706	Poori (massa de farinha de trigo frita em óleo bem quente) com purê de batatas	82±2		
	Poori (massa de farinha de trigo frita em óleo bem quente) com purê de batatas	57±1		
	Média em dois grupos de indivíduos	70±13	150	28
707	Rajmah (*Phaseolus vulgaris*)	19	150	6
708	Arroz (*Oryza Sativa*) cozido em água fervente e servido com cabaça e *curry* de tomate	69±15	150	26
709	**Sêmola**			
	Sêmola (*Triticum aestivum*), cozida a vapor	55±9	67 (seca)	28
	Sêmola (*Triticum aestivum*), pré-assada	76±6	67 (seca)	38
	Sêmola (*Triticum aestivum*) com feijão-mungo fermentado (*Phaseolus mungo*)	46±12	71 (seca)	23

Nº do Alimento	Item	IG [2] Glicose = 100	Porção (gramas)	CG [3] por porção
	Sêmola (*Triticum aestivum*) com feijão-mungo fermentado (*Phaseolus aureus*)	62±20	71 (seca)	31
	Sêmola (*Triticum aestivum*) com grão-de-bico fermentado (*Cicer arietum*)	54±7	71 (seca)	27
710	Tapioca (*Manihot utilissima*), cozida a vapor por 1h [11]	70±10	250	12
711	Varagu (*Paspalum scorbiculatum*), cozido à pressão de 15lb por 12min-15min	68±8	76 (seca)	34
712	Upittu (sêmola e cebolas assadas, cozidas em água)	67±3		
	Upittu (sêmola e cebolas assadas, cozidas em água)	69±4		
	Média em dois grupos de indivíduos	68±1	150	28
713	Uppuma kedgeree (milheto, legumes, sementes de feno-grego; dourados ao forno e cozidos em água)	18±3		
	Uppuma kedgeree (milheto, legumes, sementes de feno-grego; dourados ao forno e cozidos em água)	19±3		
	Média em dois grupos de indivíduos	18±1	150	6
	AUSTRALIANA ABORÍGENE			
714	Acacia aneura, semente de mulga, dourada ao forno, triturada úmida para aderir [6]	8	50	1
715	Acacia coriacea, pão de sementes [6]	46	75	11
716	Araucaria bidwillii, noz da araucária-australiana, assada por 10min [6]	47	50	7
717	Mel de arbusto, saco de açúcar [6]	43	30	11
718	*Castanospermum australe*, semente do castanheiro australiano, fatiada, de molho por 1 semana, moída e assada [6]	8	50	1
719	*Dioscorea bulbifera*, cará-de-rama, descascado, fatiado, de molho por 2 dias, assado por 15min [6]	34	150	12
720	*Macrozamia communis*, semente de burrawang, fatiado, de molho por 1 semana, moído, assado [6]	40±2	50	10
	ILHAS PACÍFICAS			
721	Fruta-pão (*Artocarpus altilis*) (Austrália) [6]	68	120	18
722	**Banana/Banana-da-terra, verde**			
	Banana verde, cozida em água fervente (Nova Zelândia)	38±10	120	8
723	**Batata-doce**			
	Batata-doce, *Ipomoea batatas* (Austrália)	44	150	11

Nº do Alimento	Item	IG [2] Glicose = 100	Porção (gramas)	CG [3] por porção
	Batata-doce, kumara (Nova Zelândia)	77±12	150	19
	Batata-doce, kumara (Nova Zelândia)	78±6	150	20
	Média de três estudos	66±11	150	17
724	**Inhame-coco**			
	Inhame-coco (*Colocasia esculenta*) descascado, cozido em água fervente (Austrália)	54		
	Inhame-coco, descascado, cozido em água fervente (Nova Zelândia)	56±12		
	Média de dois estudos	55±1	150	4
725	**Inhame**			
	Inhame, descascado, cozido em água fervente (Nova Zelândia)	25±4		
	Inhame, descascado, cozido em água fervente (Nova Zelândia)	35±5		
	Média de dois grupos de indivíduos	30±5	150	13
	ISRAELITA			
726	Melawach (massa frita feita com farinha de trigo branca e manteiga)	61±10		
	Melawach	71±7		
	Média de dois estudos	66±5	115	35
727	Melawach + 15g de fibra (solúvel) de alfarroba (*Ceratonia siliqua*)	31±6	130	16
728	Melawach + 15g de fibra de espiga de milho (insolúvel)	59±10	130	31
729	Melawach + 15g de fibra de tremoço-branco (*Lupinus albus*)	72±10	130	38
	ÍNDIOS PIMA			
730	Frutos do carvalho, cozidos em fogo baixo com carne de cervo (*Quercus emoryi*) [6]	16±1	100	1
731	Geleia de cacto (*Stenocereus thurberi*)	91	30	18
732	Hominy – grãos de milho descascados e secos (*Zea mays*) [6]	40±5	150	12
733	Couro de frutas (*Stenocereus thurberi*)	70	30	17
734	Caldo de feijão-fava (*Phaseolus lunatus*) [6]	36±3	250	12
735	Bolos de algaroba (*Prosopis velutina*) [6]	25±3	60	1
736	Tortilla (*Zea mays* and *Olneya tesota*)	38	60	9
737	Caldo de feijão ayocote branco (*Phaseolus acutifolius*) [6]	31±3	250	10
738	Caldo de feijão ayocote amarelo (*Phaseolus acutifolius*) [6]	29±3	250	8

Nº do Alimento	Item	IG [2] Glicose = 100	Porção (gramas)	CG [3] por porção
	LATINO-AMERICANA			
739	Arepa, empada de milho, feita com farinha de milho (México)	72	100	31
740	Arepa, feita com farinha comum de milho descascado (25% de amilase) [9, 34]	81	100	35
741	Arepa, feita com farinha de milho descascado com alto teor de amilase (70%) [9, 34]	44	100	11
742	Feijões-pretos	30	150	7
743	Feijões marrons	28	150	9
744	Tortilla de milho (mexicana)	52	50	12
745	Tortilla de milho, servida com feijões pinto fritos duas vezes e molho de tomate (mexicana)	39	100	9
746	Tortilla de milho, frita, com purê de batatas, tomate fresco e alface (mexicana)	78	100	11
747	Nopal (figo da Índia)	7	100	0
748	Feijões pinto, cozido em água salgada fervente	14	150	4
749	Tortilla de trigo (mexicana)	30	50	8
750	Tortilla de trigo, servida com feijões pinto fritos duas vezes e molho de tomate (mexicana)	28	100	5

Notas:

1 NE, não especificado; tipo 1 e tipo 2, indivíduos com diabetes tipo 1 e tipo 2; AAC, área abaixo da curva. Porções em gramas, a não ser que venha especificado de outra forma.

2 As tabelas publicadas mostram valores de IG baseados em glicose = 100 ou em pão branco =100.

3 Estimado pela multiplicação do IG listado do alimento, sendo a glicose o alimento de referência pelos gramas de carboidrato por porção e dividindo por 100.

4 Unidade de Nutrição Humana (Universidade de Sidney, Austrália), observações não publicadas, 1995-2002.

5 O baixo IG pode ser explicado pela inclusão de flocos de aveia na receita.

6 Porções do alimento-teste e do alimento-referência continham 25g de carboidrato.

7 V Lang (Danone Vitapole Company, Le Plessis-Robinson, França), observações não publicadas, 1996-2000.

8 IG calculado pela AAC da glicose.

9 IG calculado usando uma fórmula matemática baseada em resultados de uma análise *in vitro* da hidrólise do amido.

10 Tolerância danificada à glicose.

11 O alimento-teste e o alimento-referência continham 75g de carboidrato.

12 O alimento-teste e o alimento-referência continham 100g de carboidrato.

13 Valores baseados em 0,5g carboidrato/kg de peso corporal.

14 AAC medido por 3h com apenas 5 pontos de tempo (0, 30, 60, 120 e 180min).

15 IG corrigido por milho adicionado e ajustado para representar uma porção de carboidratos de 50g.

16 Feito com aveia crua, cozida por 20 min.

17 Usado como alimento-referência e dado um IG de 100. O IG do alimento-teste foi medido pela expressão do valor AAC da glicose deste alimento como uma porcentagem do valor AAC do chapatti de trigo.

18 IG calculado com AAC do alimento/fórmula da AAC da glicose. O valor da AAC foi calculado por 3h com apenas 5 pontos de tempo.

19 J Dzieniszewski, J Ciok (Instituto de Alimentos Nacionais e Instituto de Nutrição, Polônia), observações não publicadas, 1996-200 1.

20 J Brand-Miller, S Holt (Universidade de Sidney, Austrália), e V Lang (Danone Vitapole Company, Le Plessis-Robinson, França), observações não publicadas, 2000 e 2001.

21 M Champ (INRA, França) e V Lang (Danone Vitapole Company, França), observações não publicadas, 1998.

22 AAC medida por 3h com apenas 4 pontos de tempo (0, 1, 2 e 3h).

23 AAC calculada como a área acima do jejum para apenas 3h.

24 AAC medida por 5h, mas com amostras de sangue colhidas apenas em intervalos de hora em hora.

25 Batata usada como alimento-referência com um IG fixado em 80. O IG do alimento--teste foi calculado pela expressão do valor da AAC do teste de glicose do alimento como uma porcentagem do valor da AAC da batata.

26 O arroz branco foi usado como alimento-referência, mas a glicose também foi testada e teve um IG de 122. O IG observado foi multiplicado por 100 e, então, dividido por 122, para convertê-lo para um IG na escala de glicose (ex.: glicose = alimento-referência, com um IG de 100).

27 Glicose sanguínea medida em intervalos de 30 minutos.

28 Os IGs dos açúcares foram calculados a partir da resposta glicêmica para uma refeição de açúcar e flocos de aveia menos a reposta glicêmica para a aveia sozinha.

29 O alimento-teste e o alimento-referência continham 30g de carboidrato.

30 O peso total do alimento-teste foi de 25g, enquanto o alimento-referência continha 25g de carboidrato disponíveis. O conteúdo de carboidrato do alimento-teste foi considerado como 100% disponível, o que pode ter sido uma avaliação excessiva.

31 Consumido como parte de uma refeição mista com peixe, tomate e molho de cebola.

32 AAC medida por 3h com 4 pontos de tempo (0, 30, 60 e 120 min).

33 AAC medida por 4h com apenas 6 pontos de tempo (0, 30, 60, 120, 180 e 240 min).

34 O alimento-teste e o alimento-referência continham 45g de carboidrato.

35 O alimento-referência foi uma arepa comum, de farinha de milho.

Alimentos adicionais

Bebidas esportivas e alimentos energéticos	
GatorLode (Laranja)	100
Gatorade (Laranja)	89
XLR8 (Laranja)	68
Poweraid (Laranja)	65
Cytomax (Laranja)	62
Allsport (Laranja)	53
Barra Clif (Cookies e Creme)	101
Barra Power (Chocolate)	83
PR-bar (Cookies e Creme)	81
Barra MET-Rx (Baunilha)	74

Bebidas esportivas e alimentos energéticos	
Refeição GatorPro (Chocolate)	89
Refeição Optifuel	78
Refeição Ensure (Baunilha)	75
Refeição Boost High Protein (Baunilha)	59
Refeição MET-Rx (Baunilha)	58
Refeição Boost (Baunilha)	53

Fonte: Randall J. Gretebeck *et al.*, "Glycemic index of popular sports drinks and energy foods," *Journal of the American Dietetic Association*, março de 2002, pp. 415-417.

Tâmaras	
Tâmaras bahri	50
Tâmaras khalas	36
Tâmaras bo ma'an	31

Fonte: Campbell J. Miller *et al.*, "Glycemic index of 3 varieties of dates", *Saudi Medical Journal*, maio de 2002, pp. 536-538.
Fonte: Serviço de Pesquisa de Índice Glicêmico, Universidade de Sidney.

Sucos de Frutas			
Suco de romã	67	240ml	23
Suco de Blueberry	58	240ml	14
Suco de uva	58	240ml	24

Fonte: *E-mail* dos testes POM Wonderful, de um laboratório líder de testes de índice glicêmico.

REFERÊNCIAS BIBLIOGRÁFICAS

AMERICAN COLLEGE OF SPORTS MEDICINE. **Diretrizes do ACSM para os Testes de Esforço e sua Prescrição**. 6ª ed. Rio de Janeiro: Guanabara Koogan, 2003.

AMERICAN COLLEGE OF SPORTS MEDICINE. **Progression Models in Resistance Training for Healthy Adults Position Stand**. Journal MSSE, v. 34, nº 2, 2002.

ASTRAND P.; RODAHL, K. **Tratado de Fisiologia de Exercício**. 2ª Ed. Rio de Janeiro: Interamericana, 1980.

BACURAU, R. F. et al. **Hipertrofia-Hiperplasia**. São Paulo: Phorte, 2001.

BADILLO, J. J. G.; AYESTARÁN, E. G. **Fundamentos do Treinamento de Força**. 2ª ed. Porto Alegre: Artmed, 2001.

BOMPA, T. O.; CORNACCHIA, L. J. **Treinamento de Força Consciente**. São Paulo: Phorte, 2000.

BOMPA, T. O. **Periodização: teoria e metodologia do treinamento**. São Paulo: Phorte, 2002.

CAMPOS, M. A. **Biomecânica da Musculação**. Rio de Janeiro: Sprint, 2000.

CAMPOS, M. A.; NETO, B. C. **Treinamento Funcional Resistido**. São Paulo: Revinter, 2008.

COSTA, M. G. **Ginástica Localizada**. 4ª ed. Rio de Janeiro: Sprint, 2001.

FERNANDES, F. J. **A Prática da Avaliação Física**. Rio de Janeiro: Shape, 1999.

FLECK, S. J.; JÚNIOR, A. F. **Treinamento de Força para Fitness e Saúde**. São Paulo: Phorte, 2003.

FLECK, S. J.; KRAEMER, W. J. **Fundamentos do Treinamento de Força Muscular**. 2ª ed. Porto Alegre: Artmed, 2002.

FLECK, S. J.; KRAEMER, W. J. de. **Fundamentos do Treinamento de Força Muscular**. 2ª ed. Porto Alegre: Artes Médicas, 1999.

GOMES, P. S. C.; PEREIRA, M. I. R. Treinamento contra resistência: revisando frequência semanal, número de séries, número de repetições, intervalo de recuperação e velocidade de execução. **Revista Brasileira de Fisiologia do Exercício**. Rio de Janeiro, v. 1, nº 1, jul., pp. 15-32, 2002.

GUIMARÃES NETO, W. M. de. **Musculação: anabolismo total**. São Paulo: Phorte, 1997.

GUYTON, A. C. **Fisiologia Humana**. 6ª ed. Rio de Janeiro: Guanabara Koogan, 1988.

GUYTON, A. C.; HALL, J. E. **Tratado de Fisiologia Médica**. 7ª ed. Rio de Janeiro: Guanabara Koogan, 1989.

HAMILL, J.; KNUTZEN, K. M. **Bases Biomecânicas do Movimento Humano**. São Paulo: Manole, 1999.

HÄUSSINGER, D. *et al.* Cellular hydration state: an important determinant of protein catabolism in health and disease. **Lancet**, 341 (8856):1 330-2, 1993 may 22.

KRAEMER, W. J. *et al.* Hormonal and Growth Factors Response to Heavy Resistance Training Protocols. **J. Appl. Physiol.**, 69 (4): 1442-1450, 1990.

KAMEL D.; KAMEL J. G. N. de. **Nutrição e Exercício**. Rio de Janeiro: Sprint, 1996.

MACHADO, A. B. M. de. **Neuroanatomia Funcional**. 2ª ed. São Paulo: Atheneu, 1993.

MAUGHAN, R.; GLEESON, M.; GREENHAFF, P. L. **Bioquímica do Exercício e do Treinamento**. São Paulo: Manole, 2000.

MCARDLE, W. D.; KATCH, F. I.; KATCH, V. L. **Fisiologia do Exercício: energia, nutrição e desempenho humano**. 4ª ed. Rio de Janeiro: Guanabara Koogan, 1998.

MCGINNIS, P. M. **Biomecânica do Esporte e Exercício**. Porto Alegre: Artmed, 2002.

MILLAR, I.D.; *et al*. Mammary Protein Synthesis is Acutely Regulated by the Cellular Hydration State. **Biochem. Biophys. Res. Commun.**, 230 (2): 351-5, 1997 jan. 13.

MONTEIRO, W. **Personal Training: manual para avaliação e prescrição de condicionamento físico**. 3ª ed. Rio de Janeiro: Sprint, 2001.

NOVAES, J. S.; VIANNA, J. M. de. **Personal Training e Condicionamento Físico em Academia**. Rio de Janeiro: Shape, 1998.

POLIQUIN, C. **The Poliquin Principles**. Dayton Writers Group, California, 1997.

POLLOCK, M. L.; WILMORE, J. H. **Exercícios na Saúde e na Doença: avaliação e prescrição para prevenção e reabilitação**. 2ª ed. Rio de Janeiro: Medsi, 1993.

POWERS, S. K.; HOWLEY, E. T. **Fisiologia do Exercício Teoria e Aplicação ao Condicionamento e ao Desempenho**. São Paulo: Manole, 2000.

ROCHA, P. E. C. P. **Medidas e Avaliação em Ciências do Esporte**. 4ª ed. Rio de Janeiro: Sprint, 2000.

RODRIGUES, C. E. C. **Musculação, Métodos e Sistemas**. 3ª ed. Rio de Janeiro: Sprint, 2001.

RUSSELL, B. et al. Repair of Injured Skeletal Muscle: a molecular approach. **Med. Sci. Sports Exerc.**, 1992 Feb 24(2): 189-96.

SCHULTZ, E. *et al*. Effects of Skeletal Muscle Regeneration on the Proliferation Potential of Satellite Cells. **Mech. Ageing Dev.**, 1985 Apr 30(1): 63-72.

SIMÃO, R. F. **Fundamentos Fisiológicos para o Treinamento de Força e Potência**. São Paulo: Phorte, 2003.

SIZÍNO, H; XAVIER, R. *et al.* **Ortopedia e Traumatologia Princípios e Prática**. 3ª ed. São Paulo: Artmed, 2003.

THOMPSON, C. W.; FLOYD, R. T. **Manual de Cinesiologia Estrutural**. São Paulo: Manole, 1997.

UCHIDA, M. C. *et al.* **Manual de Musculação: uma abordagem teórico-prática ao treinamento de força**. São Paulo: Phorte, 2003.

VERKHOSHANSKI, Y. V. **Hipertrofia Muscular: Body-building**. Rio de Janeiro: Editora Ney Pereira, 2000.

WEINECK, J. **Treinamento Ideal**. São Paulo: Manole, 1999.

WILMORE, J.H.; COSTILL, D. L. **Physiology of Sport and Exercise**. 2ª ed. Champaign, IL: Human Kinetics, 1999.

ZATSIORSKY, V. M. **Ciência e Prática do Treinamento de Força**. São Paulo: Phorte, 1999.

REFERÊNCIAS BIBLIOGRÁFICAS DA PARTE NUTRICIONAL

AMERICAN COLLEGE OF SPORTS MEDICINE. The physiological and health effects of oral creatine supplementation. **Medicine and Science in Sports and Exercise**, Madison, v. 32, n° 3, pp. 706-717, 1999.

AOKI, M. S. Suplementação de creatina e treinamento de força: efeito do tempo de recuperação entre as séries. **Rev. Bras. Ci. e Mov.**, 2004; 12(4): 39-44.

BRAND-MILLER, J. C.; BURANI, J.; FOSTER-POWELL, K.; HOLT, S. **The New Glucose Revolution: complete guide to glycemic index values**. New York: Marlowe & Company, 2003.

BRAND-MILLER, J. C.; FOSTER-POWELL, K.; COLAGIURI, S. **A Nova Revolução da Glicose**. Rio de Janeiro: Elsevier; 2003.

FOSTER-POWELL, K.; HOLT, S. H. A.; BRAND-MILLER, J. C. International table of glycemic index and glycemic load values: 2002. **Am. J. Clin. Nutr.**, 2002; 76(1): 5-56.

HARRIS, R. C.; TALLON, M. J.; DUNNETT, M.; BOOBIS, L.; COAKLEY, J.; KIM, H. J.; FALLO-WFIELD, J. L. ; HILL, C. A.; SALE, C.; WISE, J. A. The absorption of orally supplied beta-alanine and its effect on muscle carnosine synthesis in human vastus lateralis. **Amino Acids**, v. 30, n° 3, pp. 279-289, 2006.

INSTITUTE OF MEDICINE. **Dietary Reference Intakes for Vitamin C, Vitamin E, Selenium and Carotenoids**. Washington (DC): National Academy Press, 2000.

INSTITUTE OF MEDICINE. **Dietary Reference Intakes: applications in dietary planning**. Washington (DC): National Academy Press, 2003.

JENKINS, D.; WOLEVER, T.; TAYLOR, R. *et al*. Glycemic index of foods: a physiological basis for carbohydrate exchange. **Am. J. Clin. Nutr.**, 1981; 34: 362-6.

JÓWKO, E.; OSTASZEWSKI, P.; JANK, M.; SACHARUK, J.; ZIENIEWICZ, A.; WILCZAK, J. *et al*. Creatine and ß-hydroxy ß-methylbutyrate (HMB) additively increase lean body mass and muscle strength during a weight-training program. **Nutrition**, 2001, 17(7-8): 558-66.

LANCHA JR., A. H. Suplementação de betaalanina: uma nova estratégia nutricional para melhorar o desempenho esportivo. **Revista Mackenzie de Educação Física e Esporte**, v. 8, n° 1, 2009.

LANCHA JR., A. H. **Suplementação Nutricional no Esporte**. Rio de Janeiro: Guanabara Koogan, 2009.

MAUGHAN, R.; BURKE, L. **Nutrição Esportiva**. Porto Alegre: Artmed, 2004.

NATIONAL HEALTH AND MEDICAL RESEARCH COUNCIL. **Dietary Guidelines for Older Australians**. Canberra, Australia: Commonwealth of Australia, 1999.

SMITH, S.; MONTAIN, S.; MATOTT, R.; ZIENTARA, G.; JOLESZ, F.; FIELDING, R. Creatine supplementation and age influence muscle metabolism during exercise. **Journal of Applied Physiology**, Bethesda, v. 85, n° 4, pp. 1349-1356, 1998.

Outras obras da Coleção de Educação Física da Ícone Editora

Treinamento de Musculação para a Natação: do tradicional ao funcional

Autor: Rodrigo Luiz da S. Gianoni
ISBN: 978-85-274-1162-2

120 páginas

Futsal & Futebol: bases metodológicas

Autor: Ricardo Moura Sales
ISBN: 978-85-274-1179-0

208 páginas

Novos Espaços para Esporte e Lazer: planejamento e gestão de instalações esportivas, atividades físicas, educação física e lazer

Autor: Fernando Telles Ribeiro
ISBN: 978-85-274-1181-3

312 páginas

Corrida – bases científicas do treinamento

Autor: Alexandre F. Machado
ISBN: 978-85-274-1147-9

408 páginas

42,195 – A maratona de desafios que superei nos meus 42 anos e 195 dias de vida por meio da corrida!

Autor: Fauzer Simão Abrão Júnior
ISBN: 978-85-274-1168-4

184 páginas

Didática com Criatividade: uma abordagem na educação física

Autora: Cynthia C. P. M. Tibeau
ISBN: 978-85-274-1151-6

120 páginas

Futebol: gestão e treinamento

Autores: Paulo Roberto Alves Falk / Dyane Paes Pereira
ISBN: 978-85-274-1118-9

264 páginas

Teoria e Prática da Educação Física Escolar

Autor: Ricardo Moura Sales
ISBN: 978-85-274-1138-7

112 páginas

www.iconeeditora.com.br
(11) 3392-7771